Marie-Aude Murail

Simple

Dossier pédagogique
par
Uta Grasse

Ernst Klett Sprachen
Stuttgart

Marie-Aude Murail

Simple

Dossier pédagogique
par Uta Grasse

Das vorliegende Dossier begleitet die Klett-Ausgabe von *Simple*.
Für die französische Originalausgabe: *Simple* de Marie-Aude Murail © l'école des loisirs, Paris, 2004

1. Auflage   1 ⁶ ⁵ ⁴ ³ ² | 2014   13   12   11   10

Alle Drucke dieser Auflage sind unverändert und können im Unterricht nebeneinander verwendet werden. Die letzten Zahlen bezeichnen jeweils die Auflage und das Jahr des Druckes.

© Ernst Klett Sprachen GmbH, Rotebühlstr. 77, 70178 Stuttgart, 2007.
Alle Rechte vorbehalten.

Das Werk und seine Teile sind urheberrechtlich geschützt. Jede Nutzung in anderen als den gesetzlich zugelassenen Fällen bedarf der vorherigen schriftlichen Einwilligung des Verlags. Hinweis zu § 52 a UrhG: Weder das Werk noch seine Teile dürfen ohne eine solche Einwilligung eingescannt und in ein Netzwerk eingestellt werden. Dies gilt auch für Intranets von Schulen und sonstigen Bildungseinrichtungen.

Fotomechanische oder andere Wiedergabeverfahren nur mit Genehmigung des Verlags.

Internetadresse: www.klett.de / www.lektueren.com
Umschlagbild: Hendrik Funke, Hartmut Selke
Redaktion: Sylvie Cloeren
Druck: medienHaus Plump GmbH, Rheinbreitbach

Printed in Germany
ISBN 978-3-12-592251-8

Inhalt

Teil 1: Lehrerhinweise

Der Roman – Inhalt und Bedeutung *(S. 4)*

Konzeption und Einsatz des *dossier pédagogique* *(S. 4)*

  I Vor der Lektüre *(S. 7)*

 II Während der Lektüre *(S. 7)*

III Nach der Lektüre *(S. 16)*

Teil 2: Kopiervorlagen

1	Approche (I) – Le titre
2	Approche (II) – La table des matières
3.1	Chapitre 1 – La vie de Kléber et Simple
3.2	Le style du roman (I) – Le passé simple
4	Chapitre 1 – L'univers de Simple
5.1	Chapitre 2 – Première rencontre avec les colocataires (I)
5.2	Chapitre 2 – Première rencontre avec les colocataires (II)
6	Chapitre 2 – Les rapports dans la coloc
7	Chapitre 3 – Analyse et présentation des cinq scènes
8	Chapitre 3 – Le rôle de monsieur Pinpin
9	Chapitre 4 - Vorschlag zur Leistungsmessung (I)
10.1	Le style du roman (II) – Le français familier
10.2	Le style du roman (II) – Le français familier
11.1	Chapitres 5-9 – Présentation chapitre par chapitre
11.2	Chapitres 5-9 – Pistes de lecture
12.1	Chapitres 10-13 – Pistes de lecture et d'écriture
12.2	Chapitre 13 – Vorschlag zur Leistungsmessung (II)
13	Chapitre 10 – Les quiproquos
14	Pour aller plus loin - Le handicap dans la société
15	Critique littéraire du roman
16	L'écho de la presse et des jeunes lecteurs
17	À la rencontre de l'auteur du roman

Lehrerhinweise

Der Roman – Inhalt und Bedeutung

« Dans son roman *Simple*, Marie-Aude Murail aborde le thème de la déficience mentale. Simple, alias Barnabé, a vingt-deux ans d'âge civil et trois ans d'âge mental. C'est son jeune frère, Kléber, lycéen, dix-sept ans, qui s'occupe de lui depuis qu'il refuse que son frère reste à l'institut Malicroix, là où son père l'a placé. Kléber est d'abord confronté à la difficulté de leur trouver un logement : personne ne veut de Simple pour locataire. Finalement, les deux jeunes garçons finissent par être acceptés dans une colocation où vivent déjà quatre étudiants.

Pour eux, l'arrivée des deux nouveaux locataires marque le début d'une nouvelle vie. Le roman aborde les thèmes des contraintes de la vie en communauté, du bien-être d'un enfant handicapé et de son apprentissage à vivre avec sa différence ainsi que de la difficulté que rencontre Kléber pour concilier ses études et ses responsabilités. *Simple* est un roman drôle et attachant, rempli d'optimisme et de légèreté pour un sujet assez sensible. En évoquant constamment la possibilité que Simple soit récupéré par les services sociaux et qu'il retourne à l'institution, l'auteur évoque un thème délicat. Pour Simple tout semble sans cesse provisoire et ne dépendre que de volontés plus ou moins bienveillantes. » (Auszug aus dem *Dossier de l'élève, Prix des lycéens allemands 2006*)

Marie-Aude Murail wurde für ihren Jugendroman *Simple* von deutschen Schülern am 17. März 2006 mit dem *Prix des lycéens allemands 2006* ausgezeichnet. „Ein Buch, das ein gesellschaftliches Tabu auf humorvolle Weise dem Leser nahe bringt und zugleich die Bedeutung der Auseinandersetzung mit diesem Thema unterstreicht. Es hat unseren Blickwinkel verändert", begründete Nico Basener, Delegierter der Bundesjury des Jahres 2006, die Wahl der Oberstufen-Schüler.

Auf der Leipziger Buchmesse hatten sich zum zweiten Mal Schülervertreter aus 14 Bundesländern zusammengefunden, um den Preisträger aus fünf aktuellen französischen Jugendbüchern auszuwählen. Die Autoren der nominierten Bücher wiederum hatten im Laufe des ersten Schulhalbjahres verschiedene der teilnehmenden Oberstufenkurse besucht, um mit ihnen über ihre Werke zu diskutieren und so über diesen direkten Kontakt zu einem lebendigen Zugang zur französischen Kultur und Literatur beizutragen. Die Oberstufen-Schüler der 200 teilnehmenden Schulen hatten, begleitet durch ihre Lehrer und unterstützt durch speziell dafür entwickelte Lektürehilfen, die nominierten Jugendromane in der Originalausgabe gelesen. Nach anschließenden Diskussionen im Klassenverband wählten sie ihren persönlichen Favoriten, der von einem Vertreter zunächst auf Landesebene nach einem festgelegten Règlement verteidigt wurde. Die von den Landesjurys gewählten Vertreter wiederum wählten nach intensiver Diskussion und geheimer Sitzung in der Bundesjury in Leipzig den Preisträger.

Das 2005 nach dem französischen Modell des *Prix Goncourt des lycéens* auf Initiative der Kulturabteilung der Französischen Botschaft in Berlin ins Leben gerufene Projekt, an dem sich auch die Kultusministerien der Bundesländer, der Ernst Klett Verlag sowie die Leipziger Buchmesse beteiligen, hat zum Ziel, durch die Entdeckung zeitgenössischer französischer Jugendromane die Lust am Lesen zu wecken sowie den kritischen Sinn der Schüler zu schärfen. Diesem Ziel sind ebenfalls die vorgelegten Lehrerhandreichungen verpflichtet.

Konzeption und Einsatz des *dossier pédagogique*

Das vorliegende *dossier pédagogique* begleitet die Lektüre des Jugendromans *Simple* und gibt vielfältige Anregungen zu deren thematischer Erweiterung. Konzeptionell fußen die Unterrichtsvorschläge auf den Prinzipien der Handlungsorientierung und Schülerautonomie und berücksichtigen die Methoden des schülerzentrierten Unterrichts und kooperierenden Lernens, Verfahren des Lesetrainings sowie Präsentationstechniken. Das Dossier ist so konzipiert, dass neben zentralen Aufgabenstellungen, die inhaltlich und methodisch aufeinander aufbauen, eine Reihe weiterer Aufgaben und Materialien zur Verfügung stehen, aus denen die Lehrenden eine für ihre individuelle Unterrichtsgestaltung sinnvolle Auswahl treffen können. Genaueres dazu kann jeweils den Hinweisen zu den einzelnen KV entnommen werden.

Bei den KV 1-8 liegt der Schwerpunkt auf der thematischen Einstimmung sowie der intensiven Arbeit mit den ersten vier Kapiteln des Romans. Die hier vorgeschlagenen Verfahren bzw. Arbeitsmaterialien beziehen sich konzeptionell primär auf den Einsatz der Ganzschrift in der **Jahrgangsstufe 11/5. Lernjahr** und setzen zumindest rudimentäre Leseerfahrungen mit authentischen Texten sowie die Fähigkeit zur eigenständigen Arbeit mit dem zweisprachigen Wörterbuch voraus. Lerngruppen, die bislang das *passé simple* noch nicht oder nicht hinreichend behandelt haben, können mit der KV 3.2 entsprechend unterstützt werden. Im Sinne der Hinführung auf ein zunehmend selbstständiges Lesen werden die Leseabschnitte kontinuierlich länger, der Grad der Komplexität der Aufgabenstellungen nimmt zu.

Ab Kapitel 5 wird das Lesetempo beschleunigt; hier ist vorgesehen, dass die Kapitel 5-9 in arbeitsteiliger Gruppenarbeit vorbereitet und präsentiert werden, wobei das Ziel des vorgeschlagenen Verfahrens nicht nur eine Straffung der Lektüre und damit Vermeidung der häufig beklagten „Lesemüdigkeit" ist, die sich oft bei der Arbeit mit langen Texten einstellt. Es geht vielmehr auch um das Lernen und Einüben der immer mehr geforderten Präsentationstechniken, die im Fremdsprachenunterricht oft nicht ausreichend vermittelt werden. Aufgrund der Komplexität dieser Aufgabe ist es lernmethodisch hierbei unerlässlich, dass die Lerngruppe spätestens bei der Arbeit mit den ersten vier Kapiteln des Romans ausreichende Erfahrung mit Gruppenarbeit in stabilen, leistungsheterogenen Gruppen gemacht hat und zunehmend eigenständig arbeiten kann; dieses wird mit der KV 7 hinreichend unterstützt. Entsprechende Unterrichtszeit bei der Vorbereitung der Kapitel und eine durch den Lehrer begleitete Vorbereitung der Präsentationen sind hier notwendig (s. Tabelle unten). Aus Motivationsgründen und der Verbindlichkeit wegen empfiehlt sich nicht nur eine Bewertung der Präsentationen. Bereits auch die kleineren Ergebnisse der Arbeitsgruppen in Form von Gruppennoten sollten bewertet werden (Arbeit mit Kapitel 2 und 3). Die Erwartungshaltung des Lehrers sollte allerdings nicht allein ergebnisorientiert, sondern auch prozessorientiert sein: die Kooperationsfähigkeit der Schüler, die helfende und unterstützende Rolle leistungsstarker sowie den Lernfortschritt und die Bemühungen der leistungsschwächeren Schüler finden bei der Bewertung eine hinreichende Berücksichtigung.

Die Kapitel 10-13 können dann zügiger behandelt werden, da davon ausgegangen werden kann, dass die Schüler sich inzwischen eingelesen haben und nun in der Lage sind, auch längere Passagen eigenständig zu lesen und zu bearbeiten.

Alternativ können die Kapitel 5-9 auch komplett mit der gesamten Lerngruppe gelesen werden, orientiert an den vorgeschlagenen Arbeitsaufträgen bzw. *pistes de lecture*. Um hier ebenfalls eine zeitliche Straffung zu erzielen, besteht z. B. die Möglichkeit, einzelne Passagen zusammenfassend zu erzählen. Aufgrund der Komplexität des Textes ist allerdings vom reinen Vorlesen längerer Passagen abzuraten, ein Wechsel von mündlicher Zusammenfassung und dem Vorlesen dialogischer Textanteile hingegen hat sich bewährt.

In der **Jahrgangsstufe 12/6. Lernjahr** kann die eigentliche Lektürearbeit von *Simple* zeitlich gestrafft werden; es empfiehlt sich, nur ausgewählte, die eigentliche Lektüre unterstützende Materialien einzusetzen und dafür vermehrt auf die zusätzlich vorgelegten Materialien bzw. Unterrichtsideen zurückzugreifen. Zur Vorentlastung der Lektüre sollten auch hier die ersten vier Kapitel intensiver besprochen werden. Im Anschluss an die eigentliche Lektüre können – den Lehrplänen der einzelnen Bundesländer entsprechend - Bezüge zu anderen Textauszügen, Filmausschnitten o. ä. hergestellt werden.

Themen des Romans sind

Le handicap / la différence
Grandir / devenir adulte
La difficulté de communiquer
L'adolescence
Les études
Le regard des autres
L'amour

Die zeitintensive Arbeit mit den ersten vier Kapiteln empfiehlt sich aus verschiedenen Gründen: in den ersten drei Kapiteln werden die Hauptpersonen Simple und Kléber, der zentrale Konflikt sowie die vier *colocataires* eingeführt. Damit die Schüler späterhin zunehmend selbstständiger lesen und arbeiten können, sollte hier also besonderes Augenmerk auf die Personencharakterisierung sowie auf die Analyse der Beziehungsgeflechte gerichtet werden. Da es sich um eine authentische Ganzschrift mit viel *français familier* handelt, benötigen die Schüler ferner einige Zeit, um sich einzulesen und sich mit dem Stil der Autorin vertraut zu machen. Entsprechende Arbeitsangebote zu Stil und Sprache stellt das Dossier zur Verfügung, falls die Register der französischen Sprache bislang noch nicht Unterrichtsgegenstand waren.

Übersicht über den Verlauf der Lektüre und Tipps zur Beschleunigung des Lesetempos:

	Unterrichtsaktivitäten	KV	Stunden
Vorbereitung	• Einstieg über Titel und Inhaltsangabe	KV 1/2	2
Chapitre 1	• Lektüre der Szenen 1 (*dans le métro*, S. 5-7) und 2 (*chez la grande-tante*, S. 7-9) als HA • Lektüre der Szene 3 (*le coup de téléphone du père*, S. 9-11) als HA • mündl. Zusammenfassung der Szenen 4 (*à la recherche d'un domicile*, S. 11-19) und 5 (*la baignade avec M. Pinpin*, S. 19-20) durch den Lehrer • L'univers de Simple	abschnittsw. KV 3.1 KV 4	3 1
Chapitre 2	• Lektüre S. 21-24 als HA; Charakterisierung der *colocataires* • Lektüre S. 24-30 als HA; Soziogramm	KV 5.1 KV 5.2	1 1
Chapitre 3	• Lektüre Kapitel 3 als HA; Zusammenfassung und Analyse der 5 Szenen (Gruppenarbeit) • Präsentation der Ergebnisse	KV 7	1 1
Chapitre 4	• Leistungsmessung (individuell ergänzt durch Grammatikteil für 5. Lernjahr) • mündl. Zusammenfassung durch den Lehrer (S. 46-52); Aufgabenverteilung für KV 11	KV 9	2 1
Chapitres 5-9	• individuelle Lektüre des entsprechenden Kapitels als HA; Gruppenarbeit zur Vorbereitung der Präsentation • Präsentation der Kapitel 5-9 → der Zeitaufwand richtet sich nach dem Grad der Selbstständigkeit der Lerngruppen sowie der Ausgestaltung der jeweiligen Präsentation	KV 11	1-2 2-3
Chapitre 10	• Lektüre als HA; ausgewählte Aufgabenstellungen; ggf. Spielen oder szenisches Lesen des Kapitels	ggf. KV 13	1-2
Chapitre 11	• Lektüre als HA; ausgewählte Aufgabenstellungen		
Chapitre 12	• Lektüre als HA; ausgewählte Aufgabenstellungen		
Chapitre 13	• Lektüre als HA; ausgewählte Aufgabenstellungen; • Abschließende Betrachtungen zum Roman (*critique littéraire* und / oder *le handicap* und / oder *l'écho de la presse*)	KV 15/14/16	2-5
Stundenbedarf			**19-25**

I Vor der Lektüre

Approche (I) – Le titre (KV 1)

Diese KV dient als Vorbereitung auf die eigentliche Lektüre und soll Erwartungshaltungen der Schüler wecken und sammeln helfen. Monsieur Pinpin, « *le lapin en peluche* » ist der wichtige Freund und Begleiter von Simple/Barnabé und allein per Titelblatt Leitmotiv des Romans.
Die KV wird auf Folie kopiert und mit dem Tageslichtprojektor vor der Textausgabe präsentiert (oder man setzt ein Epidiaskop resp. Beamer ein). Die Schüler beschreiben in Partnerarbeit/Gruppenarbeit das Titelbild und äußern anhand von Bild und Titel Vermutungen zum Romaninhalt.

Mögliche Impulse:

1 Que désigne selon vous le titre « Simple » ? Est-ce selon vous un nom ou un adjectif ?
2 Quel est le contraire ?
3 Cherchez dans le dictionnaire d'autres sens possibles du mot « simple ».
4 Que suggère le lapin en peluche de la couverture ?

Werden die Ideen auf Folie/auf einem Plakat gesammelt, können diese Ergebnisse zusätzlich nach Abschluss der Bearbeitung des ersten Kapitels zur Überprüfung des Textverständnisses verwendet werden.

Approche (II) – La table des matières (KV 2)

Ziel der KV ist, die Schüler bereits hier für den besonderen Sprachgebrauch und den Humor der Autorin zu sensibilisieren. Bei 1. aktivieren die Schüler ihr bereits vorhandenes Sprachwissen (Worterschließung aus dem Kontext, ähnliche Wörter in anderen Sprachen etc.). Dass die Kapitelüberschriften die Textsorte des Abenteuerromans imitieren, erkennen die Schüler möglicherweise nicht, sicherlich aber das Genre an sich. U. U. kann es sinnvoll sein, gemeinsam mit den Schülern bekannte Beispiele zu sammeln und anschließend - bereits an dieser Stelle - auf den Humor der Autorin einzugehen, die einen Plüschhasen zum (vermeintlichen) Romanhelden erklärt. Die Ergebnisse der 2. und 3. Aufgaben sollten im Plenum gesammelt und so fixiert werden, dass die von den Schülern geäußerten Erwartungshaltungen zu einem späteren Zeitpunkt aufgegriffen (z. B. nach Abschluss der Lektüre von Kapitel 4) und erneut thematisiert werden können; als Vorbereitung auf das arbeitsteilige Lesen können die Schüler vor dem Hintergrund ihres bis dahin erworbenen Wissens konkretere Ideen zum Inhalt der folgenden Kapitel formulieren (vgl. KV 11).

Première rencontre avec le langage et le style du roman
1 le terrier ; prendre la clef des champs ; la messe ; péter qc ; échapper ; reprendre le chemin ; une queue
2 péter qc ; super ; faire la fête ; super bien
3 solutions individuelles

Sacré monsieur Pinpin !
solutions individuelles
Vielleicht identifizieren die Schüler bereits hier den Plüschhasen als Monsieur Pinpin (→ *lapin*) und werfen somit die Frage nach dem besonderen Stellenwert dieser „Figur" mit offensichtlichem Eigenleben für den Romaninhalt auf. Mit Hilfe anderer Beispiele aus der *langage enfantin* (Silbendoppelung wie bei *dodo, lolo, pipi, chienchien*) können die Schüler erkennen, dass der Plüschhase ein wichtiges Spielzeug für ein Kleinkind ist (vgl. KV 4).

La structure du roman
solutions individuelles

II Während der Lektüre

Chapitre 1 – La vie de Kléber et Simple (KV 3.1)

Hier sollen die Schüler auf die offensichtlichen Unterschiede des ungleichen Paares und deren schwierige Lebensumstände aufmerksam gemacht werden. Im Zuge der weiteren Lektüre empfiehlt es sich mit Hinblick auf eine Leistungsmessung (vgl. KV 9), die Charakterisierung des ungleichen Geschwisterpaares zu vertiefen, z. B. nach Kapitel 2.

Première scène (p. 5-9) : Rencontre avec les personnages principaux – Pistes de lecture
1 **Kléber :** comportement adulte, sévère, autoritaire à l'égard de son frère ; s'énerve vite, réagit de manière ironique / sérieux, intellectuel, ironique, ayant le sens de l'humour, impatient, responsable, aimant son frère / jeune homme ayant « une bonne gueule d'intello aux fines lunettes cerclées »
Simple : comportement enfantin (langage, idées, questions indiscrètes, réactions), naïf, indocile, désobéissant, irritant ; ne comprend pas l'ironie, prend

tout ce qu'on lui dit au sérieux / curieux, ouvert, peureux, arriéré, plein de fantaisie / jeune homme « aux yeux clairs écarquillés »

2 réponses individuelles

3 des frères ; le plus jeune garde le plus âgé qui est « débile mental » ; rapport plein d'affection mais difficile car Simple n'est pas facile à garder ; Simple aime et respecte son frère mais ne lui obéit pas toujours ; situation difficile car ils dépendent de la bonne volonté de leur vieille tante qui ne sait pas comment traiter Simple et réagit de façon agressive et maussade ; ils cherchent donc un nouveau logement, ce qui ne sera pas facile à cause du handicap de Simple ; la mère est morte, le père, qui est de nouveau marié, refuse l'accueil de Simple ; Kléber fréquente encore le lycée et ne peut pas se charger de son frère tout le temps

Analyse de la deuxième et troisième scène (p. 7-11)

1 Kléber réagit avec ironie au comportement de son frère car il est souvent surmené par sa tâche.

2 Le père se montre irresponsable et froid, il refuse d'accepter que son fils souffre dans l'institution ; il ne l'aime probablement pas beaucoup. Il refuse d'aider et de soutenir son fils plus jeune dans le projet de réintégrer son frère dans une vie de famille normale.

3 Son jeu reflète la manière dont on le (mal)traite à Malicroix : menaces, claques, piqûres. Ceci souligne les motifs de Kléber de vouloir garder son frère lui-même. (Vgl. auch die Lehrerhinweise zu KV 4)

Troisième et cinquième scène – les jeux de Simple (p. 9-11, p. 19-20)

1 M. Pinpin est un lapin en peluche usé, le jouet préféré de Simple qui l'accompagne partout.

2 solutions individuelles

Le style du roman (I) – Le passé simple (KV 3.2)

Diese KV richtet sich an Lerngruppen, die bislang nicht oder nur unzureichend Bekanntschaft mit dem *passé simple* gemacht haben. Den Schülern sollte deutlich gemacht werden, dass es reicht, wenn sie Formen des *passé simple* erkennen und richtig zuordnen können ; ferner sollten sie in der Lage sein, in selbst verfassten Texten, die sich auf die Lektüre beziehen, Formen des *passé simple* in die des *passé composé* transformieren zu können.

Reconnaître les formes du passé simple

infinitif : jeter ; répondre ; se tourner ; se lever ; descendre ; tirer ; crier ; reprendre ; avoir ; protester ; voir ; rugir ; commencer ; remettre ; dire ; s'arrêter ; reconnaître ; ouvrir ; passer ; faire ; intervenir ; rendre ; se mettre ; apercevoir ; se détendre ; éteindre ; recevoir ; envahir ; être ; tendre ; vouloir ; s'asseoir ; avertir

passé composé : il a jeté ; il a répondu ; il s'est tourné ; il s'est levé ; il est descendu ; il a tiré ; elle a crié ; il a repris ; elle a eu ; il a protesté ; il a vu ; il a rugi ; il a commencé ; il a remis ; elle a dit ; il s'est arrêté ; il a reconnu ; elle a ouvert ; il a passé ; il a fait ; il est intervenu ; elle a rendu ; il s'est mis ; elle a aperçu ; il s'est détendu ; il a éteint ; il a reçu ; il a envahi ; il a été ; il a tendu ; il a voulu ; il s'est assis ; il a averti

Chapitre 1 – L'univers de Simple (KV 4)

Diese KV sollte nach Beendigung der Lektüre des ersten Kapitels bearbeitet werden und dient dazu, den Schülern einen emotionalen Zugang zu der Figur von Simple zu ermöglichen und ihre Empathiefähigkeit zu fördern. Die für die KV ausgewählten Beispiele verdeutlichen die kindliche Seite von Barnabé/Simple und regen die Schüler zugleich an, sich an ihre eigene Kindheit mit all ihren Widersprüchen und Spielen zurück zu erinnern.

Le langage de Simple

déformations : *un beaud'homme* = un bonhomme ; *un vérolair* = un revolver ; *une viève dame* = une vieille dame ; *une instutution* = une institution ; *un mirlitaire* = un militaire ; *la pomme poisonnée* = la pomme empoisonnée ; *une sipine* = une piscine ; *un ordonateur* = un ordinateur ; *le quicket* = le ticket ; *les apétirifs* = les apéritifs

fausse analyse de la structure : *mes/tes dicaments* = médicaments ; *« Vas-y Luia ! »* = Alléluia ! ; *six garettes* = cigarettes

erreurs de prononciation : *un téphélone* = le téléphone ; *microspique* = microscopique ; *esquellent* = excellent ; *une sipine* = une piscine ; *une tévélision* = une télévision ; *pasque* = parce que

fautes de grammaire : *les chevals* = les chevaux, *vous faisez* = vous faites

Ses peurs et ses angoisses
la porte du métro (p. 6), l'escalator (p. 6), le bruit de la sonnette (p. 8), le téléphone portable en fonction (p. 13)
Simple a peur des objets techniques qu'il ne connaît pas et/ou dont il ne sert pas ; ceci montre qu'il était peu sorti de chez lui jusqu'à présent et qu'il a très peu d'autonomie. Par contre, dans des situations vraiment dangereuses (le trafic, p. 17) il lui manque une peur naturelle qui le protégerait, ce qui montre qu'il a besoin d'être surveillé en permanence hors de chez lui.

Ce que nous racontent ses jeux
2 voir le supplément pour l'enseignant
3 solutions individuelles

Supplément pour l'enseignant

Les différentes formes de jeu
- *le jeu symbolique* est une forme d'exploration, d'apprentissage et d'expériences nouvelles
- *le jeu de faire-semblant* permet d'intégrer certaines expériences pénibles
- *le jeu de fiction* donne également du sens au monde

Les fonctions des jeux
- un moyen important d'expression des problèmes et des conflits intérieurs
- il permet à l'enfant de se libérer de ses émotions les plus violentes (rage, jalousie, désir de destruction, désespoir...) sans prendre le risque de perdre l'amour des êtres aimés
- il est une expression symbolique de ses angoisses
- l'enfant projette dans les objets les personnages de son monde interne et met en scène ses mécanismes de défense
- c'est une source de plaisir, une activité spontanée

Chapitre 2 – Première rencontre avec les colocataires (I) (KV 5.1)

Mit Hilfe der KV 5.1 und 5.2 können die Charakterisierung der vier *colocataires* vorgenommen und das anschließende Soziogramm (KV 6) vorbereitet werden. Lerngruppen, die ein geringeres Maß an Selbstständigkeit bei der Lektüre von längeren Texten vorweisen, können aufgefordert werden, diese beiden Arbeitsblätter fortlaufend zu ergänzen bzw. diese bei der Analyse der Entwicklung der einzelnen Figuren zu Hilfe zu nehmen.

KV 5.1 bezieht sich auf die Lektüre der Seiten 21-24, KV 5.2 insgesamt auf die Seiten 21-30. Diese genaue Analyse der vier Figuren bereitet die nachfolgenden Szenen des Kapitels 2 vor, in denen die Reaktionen der Mitbewohner auf Simple und seine Behinderung betrachtet werden sollten (vornehmlich S. 26-28).

Les traits de caractère (p. 21-24)
Aria : sensible, gentille, gaie, vive, insouciante, ouverte, égoïste

Corentin : mal assuré, sensible, un peu naïf, patient, passif

Emmanuel : froid, viril, maussade, renfermé, ambitieux

Enzo : sensible, grognon, mélancolique, passif, blagueur

Chapitre 2 – Première rencontre avec les colocataires (II) (KV 5.2)

Le portrait des colocataires (p. 21-30)
1 Aria : La sœur aînée de Corentin, entre 22 et 24 ans ; étudiante en médecine; jolie (« la grâce même ») et sexy, mais peu soucieuse de l'effet qu'elle produit sur les garçons.

Corentin : Environ 20 ans ; l'ami d'Enzo et le frère d'Aria ; « un brave garçon » qui admire Enzo (son modèle depuis la sixième) dont il supporte les caprices avec patience et indulgence ; manque d'empathie mais est sensible et veut du bien aux autres ; respecte sa sœur et est impressionné par Emmanuel.

Emmanuel : 25 ans, l'aîné de la colocation ; étudiant en médecine ; « viril, bosseur, pas très marrant ».

Enzo : 20 ans, « un blondinet assez plaisant » ; aimerait avoir une petite amie ; a la flemme ; étudiant en lettres à la fac de Paris, mais ne va pas régulièrement aux cours; aime écrire ; écrit en cachette un roman d'amour dont Aria et lui sont les héros ; aime Aria et est jaloux d'Emmanuel qu'il provoque continuellement; aime la plaisanterie et l'ironie, ne se prend pas au sérieux.

2 Aria : Gentille et ouverte, elle réagit avec compassion et pitié face à Simple qu'elle traite « comme un petit chien ». Accepte par égoïsme les frères comme colocataires.

Correntin : Adopte continuellement l'opinion et la position d'Enzo, accepterait les frères si Enzo les accepte.

Emmanuel : Réagit avec froideur face à Simple dont il analyse méticuleusement l'état mental ; les choses incontrôlables lui font peur (veut savoir quels médicaments prend Simple et s'il est sous traitement continuel) → inhumanité. Ne veut pas de Simple qui le met mal à l'aise.

Enzo : Ne veut d'abord pas de Simple dont il refuse la surveillance. Traite celui-ci avec humour et ironie, ce que Simple ne comprend pas. Accepte les deux frères pour que la vie en colocation soit plus animée et pour s'amuser, mais aussi parce qu'il a de la sympathie pour Simple.

Chapitre 2 – Les rapports dans la coloc (KV 6)

Correntin ⟷ *Aria* : frère et sœur ; en bons termes ; Aria est l'aînée
Correntin → *Emmanuel* : impressionné par Emmanuel
Emmanuel → *Correntin* : le traite gentiment, avec indifférence
Enzo → *Emmanuel* : rivaux : envie, jalousie, antipathie
Emmanuel → *Enzo* : se rend compte qu'Enzo peut devenir dangereux
Enzo → *Aria* : très amoureux
Aria → *Enzo* : indifférence
Emmanuel ⟷ *Aria* : couple
Correntin ⟷ *Enzo* : bons amis

Chapitre 3 – Analyse et présentation des cinq scènes (KV 7)

Die Ergebnisse der Vorstellung der 5 Szenen des Kapitels 3 durch 5 Gruppen sollten schriftlich fixiert werden, entweder indem die hier vorgeschlagene Tabelle an der Tafel / auf Folie ergänzt wird oder man lässt die Gruppen eine schriftliche Ausfertigung selbstständig vorbereiten, die nach der Fehlerkorrektur durch den Lehrer vervielfältigt und verteilt wird. Als methodische Vorbereitung der Präsentationen (KV 11) sollte diese Phase vom Lehrer unbedingt sorgfältig inszeniert und betreut werden.

	action	analyse des caractères
1ère scène	**Simple** visite l'appartement, d'abord un peu peureux, puis de plus en plus assuré. Il mange les restes de l'apéritif qu'il recrache, boit de l'alcool et laisse le robinet de la cuisine ouvert. Il empoche le briquet de Corentin. Il surprend Aria sous sa douche et voit qu'elle n'a pas de « queue ».	**Simple :** curieux, peur de l'inconnu aime les choses interdites; fait des bêtises, quelque fois sans vouloir les faire. est attiré par la sexualité, mais n'est pas éduqué à ce niveau-là.
2è scène	**Emmanuel** rencontre Simple dans la cuisine, n'arrive pas à le traiter normalement ; **Simple** réagit avec hostilité. Petit déjeuner entre **Emmanuel et Aria**, interrompu par Simple qui provoque une dispute entre les deux amoureux. Emmanuel quitte la cuisine, en colère. **Aria** prête plus d'attention à Simple quand il joue à Malicroix.	**Emmanuel :** froid, manque d'empathie, se cache derrière le traitement médical ; Simple le met mal à l'aise. **Simple :** n'aime pas Emmanuel qui lui rappelle Malicroix, mais il aime Aria en laquelle il a confiance. **Aria** a pitié de Simple, l'aime bien, est attentive; elle a de l'empathie pour lui et sa situation.

3ᵉ scène	**Enzo** écrit en secret un roman dont les héros sont Aria et lui. Au salon, il rencontre Simple qui y joue et discute un peu avec lui. Comme avant, il réagit de façon ironique mais gentille à ce que Simple lui dit. Puis Simple et lui réveillent Kléber dont Enzo se moque un peu.	**Enzo** aime parler avec Simple, mais ne le prend pas toujours au sérieux ; aime bien plaisanter. **Simple** a confiance en Enzo et aime jouer avec lui.
4ᵉ scène	Première rencontre avec le vieux **M. Villededieu** qui grogne à cause du vide-ordures bloqué. **Simple** est toujours préoccupé par le fait que les filles n'aient pas de queue. Dans la galerie commerciale, Simple se fait acheter un livre sur deux lapins amoureux et en est très enthousiaste.	**M. Villededieu** : colérique, menaçant, plein de préjugés face à la colocation. **Simple** : préoccupé par des questions de sexualité et d'amour; tout à fait ignorant. **Kléber** aime faire plaisir à son frère.
5ᵉ scène	Deuxième apparition de **M. Villededieu** qui se plaint de nouveau à cause du vide-ordures bloqué et à cause de l'injure faite par Simple. Quand il apprend que Simple est déficient mental, il réagit très mal (parlant de Simple, il dit « ça »). Le voisin croit que les garçons de la colocation se partagent l'unique fille. Après le départ du voisin, **Simple** sort son pistolet d'alarme avec lequel il joue; **Enzo** le prend et vise **Aria** qui réagit mal.	**M. Villededieu**: brusque, autoritaire, impoli, plein de préjugés face à la colocation et face à Simple → réaction inhumaine. **Aria** et **Enzo** défendent Simple. **Enzo** est désespéré à cause de son amour impossible pour Aria. **Aria** est énervée par le comportement d'Enzo.

Chapitre 3 – Le rôle de monsieur Pinpin (KV 8)

Anmerkung: Sollte der Einsatz der KV 9 (Leistungsmessung 1) geplant sein, empfiehlt es sich, diese KV wegzulassen bzw. in individuell abgewandelter Form einzusetzen.

Analyse

a Un vieux lapin en peluche « dont les oreilles avaient la tremblote » (p. 9), qui montrait « par endroits la trame du tissu » (p. 13); « dès qu'il s'agissait de jouer, ses oreilles s'agitaient frénétiquement et ses jambes flasques semblaient montées sur ressorts » (p. 13) Kléber sait très bien que Simple ne saura pas se passer de son compagnon (p. 20).
La peluche est depuis longtemps en possession de Simple qui l'emmène partout; il ne sait pas se passer d'elle.

b Au mot de « lapin » Simple la sort de sa poche; les gens y réagissent de façon soit effrayée (car surpris) soit dégoûtée (à cause de l'usure de la peluche) (p. 18, 27).

c le duo de Simple et monsieur Pinpin :
- son meilleur ami
- son allié inséparable
- un éternel complice
- le double de Simple
- Simple vit à travers lui ses aventures
- un interlocuteur important
- Simple y projette le côté de sa personnalité qu'il ne contrôle pas
- l'initiateur rusé et « responsable » des bêtises
- une consolation et un soutien dans les moments difficiles
- le seul qui prend Simple au sérieux

d Simple n'a probablement pas d'autres amis ; le seul confident ; ce qui lui reste depuis la mort de sa mère.

> **Supplément pour l'enseignant**
>
> **Le Doudou – un « objet de transition »**
>
> Environ la moitié des enfants en possède un. Le Doudou – avec lequel l'enfant entretient une relation affectueuse – apparaît dès huit mois et disparaît avant 6 ans. Ce Doudou peut être un animal en peluche, un édredon, un coussin, un morceau de chiffon… C'est l'enfant qui le choisit et non pas les parents qui préférerait souvent que leur enfant prenne un superbe ourson tout neuf et pas malodorant.
>
> Il s'agit donc d'un objet préféré utilisé par l'enfant pour se consoler, notamment au moment de s'endormir. Grâce à cet objet, sa mère, même absente, est encore symboliquement présente pour lui. Son rôle est de rassurer l'enfant lorsque celui-ci va se séparer de ses parents pour aller à la crèche ou dans autres situations difficiles, tel que la visite chez le médecin ou au cas de maladie. Le nom d'<u>objet transitionnel</u> signifie qu'il crée le lien entre la famille et le monde extérieur. C'est pourquoi l'enfant l'abandonne souvent dès qu'il s'est fait des « copains » à l'école.
>
> Jusque là, son Doudou est l'intermédiaire entre le réel et l'imaginaire, la sécurité et l'aventure. Présent à tout moment, il permet à l'enfant de tester toutes les nouvelles expériences affectives ou physiques. C'est lui qui le protège de l'inconnu.

Quellen: www.doctissimo.fr; www.dicopsy.com; www.granddictionnaire.com

Annotations:
un objet de transition *psychologie* Übergangsobjekt – **un édredon** Federbett – **un coussin** Kissen – **un chiffon** Stofffetzen, Lappen – **malodorant** qui sent mauvais – **la crèche** Krippe – **un lien** Verbindung – **l'intermédiaire** Mittler – **affectif** → affection – **l'inconnu** *m* → connaître

Chapitre 4 – Vorschlag zur Leistungsmessung (I) (KV 9)

Dieser Vorschlag zur Leistungsmessung richtet sich vornehmlich an Schüler im 5. Lernjahr. Zur Beschleunigung der Lektüre kann im Anschluss an die Leistungsmessung das restliche Kapitel 4 durch den Lehrer mündlich zusammengefasst werden, ggf. auch durch einen Schüler.

1 Au moment de se coucher, Simple cherche M. Pinpin qu'il a oublié dans le confessionnal de l'église. Il est vraiment désespéré car il ne sait pas dormir sans lui. Kléber est aussi désespéré que son frère car il sait que Simple ne s'endormira jamais sans sa peluche et – comme l'église est fermée la nuit – il ne pourra pas aller la chercher. Lorsque Simple se plaint que M. Pinpin ne rentre pas, Kléber argumente qu'une peluche ne sait pas rentrer elle-même, ce qui fait pleurer son frère. Par pitié et désespoir, Kléber, lui aussi, se met à pleurer. *(7 points)*

2 Barnabé, nommé Simple, 22 ans et le frère aîné de Kléber, est débile mental et vit actuellement avec son cadet, âgé de 17 ans, dans une colocation d'étudiants à Paris. Leur mère étant morte depuis quelque temps, M. Malhuri, leur père, avait décidé de mettre son fils dans une institution spécialisée pour l'y faire garder car il s'était remarié depuis. À cause des mauvaises expériences que Simple y avait faites, Kléber a décidé de garder dorénavant lui-même son frère. *(6 points)*

Simple – un enfant dans la peau d'adulte	Kléber – un jeune plus mature qu'il ne paraît
➢ enfantin, ouvert, franc, sensible ➢ dit toujours ce qu'il pense et ne respecte pas toujours les règles qu'on lui impose ➢ aime son frère, lui fait complètement confiance, le traite en adulte ➢ plein de curiosité, aime les jeux et les choses interdites ➢ a une peluche comme meilleur ami qu'il accuse en cas de bêtise ➢ utilise un langage enfantin (déformation de mots, erreurs de grammaire) et est plein d'imagination et de rêves ➢ aime les découvertes, mais les objets techniques lui font peur	➢ intelligent, responsable, mûr ➢ très attaché à son frère, a beaucoup de compassion pour lui, bon cœur ➢ souvent surmené par sa tâche, s'énerve donc vite et réagit avec ironie pour se décharger *(8+4 points)*

3 M. Pinpin, le meilleur et seul ami de Simple, est un lapin en peluche qui l'accompagne partout. Ils parlent de ce qui préoccupe Simple, font des jeux et des bêtises. Ce double frondeur et désobéissant de Simple doit prendre les responsabilités au cas échéant. Plus solutions individuelles *(7 points)*

Le style du roman (II) – Le français familier (KV 10.1)

Les français familier – quelques exemples

1 une cigarette ; s'imaginer qc ; un livre ; perdre le contrôle ; une chose ; une bêtise ; un garçon/homme méchant; Tais-toi ! ; oui ; l'argent ; s'en aller

« C'est sympa ! » – Les abréviations - la troncation.

1 un intellectuel ; personnellement ; la gastro ; une hallu ; la faculté ; le syndic

2 « Les jeunes sont embêtants. Ils font la différence entre le reggea et le ragga, ils parlent des femmes/petites amies et ils fument du haschisch. »
« J'ai toujours pensé qu'il était homosexuel. »
« Écoute, arrête de manger à même le pot. C'est dégoûtant. »
« Ton frère met un désordre immense dans très peu de temps. »
« Corentin était plutôt impressionné par Emmanuel, un grand garçon/jeune homme viril, travailleur qui n'avait pas beaucoup d'humour. »
« Écoute-moi, ce garçon est très drôle ! Et il a un lapin sympathique. »
« Vas-y, mais tu es embêtant. Va-t-en. »
« Aller en discothèque, c'est bête. Faire des avances dans la rue, c'est bête. Séduire les petites amies de ses amis, c'est bête. […] J'ai pris quatre kilos en un an. Je suis en manque de filles. Alors je mange excessivement. »

Le style du roman (II) – Le français familier (KV 10.2)

pour exprimer la colère	pour être ironique
- Connard ! - Putain, ça fait mal. - Quel dégonflé ! - Fous le camp.	- Tu l'achèveras une autre fois. - T'imagines !
pour souligner son mécontentement	par humour
- Occupe-toi de tes fesses. - Tu nous soûles ! - Monsieur Pinpin, il pète la gueule. - Fait chier !	- Ça va aller, les gars !! - Non mais attends, il est marrant, ce type !! - Il met le souk en un temps record, ton frangin. - Passe-moi le Nutella, papy.

Le verlan, le langage SMS

Die Materialien und Aufgaben zu *verlan* und *langage SMS / langage texto* verstehen sich als Zusatzangebot für Lerngruppen, die sich besonders für Jugendsprache begeistern können bzw. als Materialien, wenn im Lehrplan die Behandlung verschiedener Register vorgesehen ist.

Das vorliegende Zusatzmaterial zur *langage texto* kann als Diskussionsgrundlage über den zulässigen bzw. sinnvollen Gebrauch des *texto* im Internet verwendet werden. Zumindest aber kann dieses Phänomen an geeigneter Stelle mit den Schülern besprochen werden, z. B. wenn diese selbst Recherchen im Internet, zumal in Diskussionsforen unternehmen sollen und sich dann mit dieser neuen Art der Sprachbarriere konfrontiert sehen.

> **Supplément pour l'enseignant**
>
> **Marre de ceux qui écrivent en langage texto...**
>
> **Marre de ceux qui écrivent en langage texto**
> On est dans un forum parlant de littérature, ce serait bien que le langage sms soit un peu oublié ici, et que tout le monde écrive correctement!!!
> *Posté par Opheila le 06-Juin-2006*
>
> **Re: Marre de ceux qui écrivent en langage texto**
> la ici c pas un site ke pour les fafa de la langue francaise et vive le langage sms
> *Posté par gabylilifandetennis le 10-Juin-2006*
>
> **Re: Marre de ceux qui écrivent en langage texto**
> ékoute on é ds 1 mon2 2 jeune révolucionèr...! alrs tu peu pa ns empéché d'écrir kom sa. moi m1tnan j'peu + fèr otrmen é j'doi dir ke c super pratik : c 10 x + rapi2 é + maran à lir...vlà my avi sur ton mo !!
> *Posté par textotte le 15-Juin-2006*
>
> **Re: En réponse à textotte**
> On est «dans un monde de jeunes révolutionnaires», tu dis !? Pourquoi révolutionnaires ? Parce que certains ont décidé que «demain» pouvait s'écrire «2m1» et que «lire» s'écrivait «lir» ? Wahou.
> Dix fois plus rapide, pas sûr. Car quand tu prends l'habitude de taper correctement sur l'ordi, 1) ça va aussi vite, et 2) tu prends de très bonnes habitudes pour l'avenir.
> Marrant à lire... Euh excuse-moi mais j'ai eu du mal à déchiffrer ton message, alors «marrant», n'exagérons rien...
> Une dernière chose : je ne sais pas en quelle classe tu es, mais j'espère vraiment pour toi que tu sais écrire correctement sur tes copies. Certains ont tellement l'habitude d'écrire en langage sms qu'ils ne savent plus orthographier leur propre langue.
> Pense à tous les examens que tu vas passer, aux dossiers que tu vas rendre, au métier que tu vas faire... Les fautes sont sévèrement corrigées (au lycée surtout) et faire des fautes ne donne pas une super image de la personne dans son métier. C'est dommage, car tu as l'opportunité de lire des livres géniaux (regarde sur le forum), et ainsi de mémoriser les mots, qui te viendront tous seuls après. Alors, non au langage sms !!
> *Posté par clo-rocks le 17-Juin-2006*

Quelle: forum.okapi-jebouquine.com

Chapitres 5-9 – Présentation chapitre par chapitre (KV 11.1)

Diese KV richtet sich an Lerngruppen, die auf keine oder nur unzureichende Erfahrungen mit Präsentationen in einer Fremdsprache zurückgreifen können. Neben wichtigen Hinweisen für eine gelungene Präsentation beinhaltet dieses Infoblatt Vorschläge, wie das Resümee des jeweiligen Kapitels mit anderen Darstellungsverfahren kombiniert und dadurch so ergänzt werden kann, dass die restliche Lerngruppe möglichst gut und umfassend informiert wird. Die Rolle des Lehrers bei dieser Gruppenarbeit wird also vornehmlich die eines Beraters sein: Wurde das Kapitel inhaltlich verstanden? Ist die ausgewählte Darstellungsform angemessen? Wie sieht die konkrete Umsetzung aus? Ist das Resümee inhaltlich und sprachlich korrekt?

Bei der Bewertung der Präsentationen (Gruppennoten!) sollten also neben der Qualität des Inhalts auch die dazu gewählte Darstellungsform, die Einbeziehung aller Gruppenmitglieder mit ihrem jeweiligen Leistungsvermögen, Verständlichkeit und Aussprache, sprachliche Angemessenheit und Kreativität und u. U. auch ein schriftliches Resümee, das abschließend an alle ausgegeben wird, Bewertungskriterien für die Gruppennoten sein.

Tipp: Gruppen, die gerne lesen, können selbstverständlich im Anschluss an die einzelnen Präsentationen die vorgestellten Kapitel selbst lesen.

Chapitres 5-9 – Pistes de lecture (KV 11.2)

solutions individuelles

Die vorgeschlagenen *pistes de lecture* sollen den Schülern helfen, das jeweils zu präsentierende Kapitel selbstständig bearbeiten zu können. Dabei können natürlich – je nach inhaltlicher Akzentuierung und individueller Unterrichtsgestaltung – auch andere Leitfragen gewählt oder auch *pistes de lecture* gestrichen werden. Wichtig ist auch, dass sich die Schülergruppen während der Gruppenarbeitsphase untereinander so austauschen, dass sie wissen, was in dem jeweiligen vorherigen Kapitel passiert, um „Anschluss" halten zu können.

Chapitres 10-13 – Pistes de lecture et d'écriture (KV 12.1)

Die vorliegenden *pistes de lecture* verstehen sich als Vorschläge, wie die weitete Lektürearbeit gestaltet werden kann. Je nach Leistungsstand der Lerngruppe bzw. Lehrplanvorgaben kann es sinnvoll sein (vornehmlich im 5. Lernjahr), sich auf einen oder zwei der vorgeschlagenen thematischen Schwerpunkte zu konzentrieren, nämlich:

> *l'évolution du rapport des jeunes envers Simple*
> *la responsabilité*
> *le côté humoristique du roman*
> *la critique de la société à travers le destin de Simple*
> *vivre le handicap*

Selbstverständliche kann die thematische Orientierung auch gemeinsam mit den Schülern festgelegt werden, sofern das jeweilige Curriculum dies zulässt. Wird eine größere Lernerautonomie angestrebt bzw. handelt es sich um Schüler, die den Roman zunächst weitgehend selbstständig lesen und z. B. ein *carnet de lecture* führen (6. Lernjahr), kann die KV im Ganzen ausgegeben werden ; die Schüler können dann je nach Neigung eine Auswahl aus den *pistes de lecture* treffen und diese eigenständig bearbeiten. Nach abgeschlossener Lektüre könnten ihre Arbeitsergebnisse in einer vom Lehrer moderierten Diskussionsrunde vorgestellt und besprochen werden.

Chapitre 13 – Vorschlag zur Leistungsmessung (II) (KV 12.2)

Dieser Vorschlag richtet sich vornehmlich an Schüler im 6. Lernjahr. Je nach thematischer Schwerpunktsetzung muss die vorgeschlagene Leistungsmessung individuell durch weitere Aufgaben ergänzt werden, wobei u. U. auf die *pistes de lecture* zurückgegriffen werden kann (vgl. dazu KV 11.2 und 12.1).

1 Kléber n'a plus honte de son frère, il est au contraire fier de lui ; Simple est intégré aux préparatifs, ce qui montre qu'il est intégré à la colocation et accepté par les autres jeunes ; la vie en colocation et le contact avec ses membres l'a fait grandir et mûrir ; les jeunes s'intéressent à Simple, à ses besoins et son évolution et se sont habitués à ses bêtises et blagues, les prennent avec humour.

2 La mise à l'écart de Simple est remplacée par une intégration aux préparatifs de la boum, l'attention des hôtes et les cadeaux qu'il reçoit malgré que ce ne soit pas son anniversaire. Seule Béatrice n'a pas changé, elle le traite aussi méchamment qu'avant et en est punie par Kléber qui ne lui prête plus attention.

Chapitre 10 – Les quiproquos (KV 13)

Lerngruppen, die sich ab dem Kapitel 10 u. a. mit dem thematischen Schwerpunkt *le côté humoristique du roman* beschäftigen, sollte Gelegenheit gegeben werden, einige Schlüsselszenen des Romans nachzuspielen (eine weitere Szene, die sich für eine *mise en scène* anbietet, wäre z. B. *la fugue de Simple*, p. 134-136). Eine sinnvolle Aufgabe wäre dann, die Schüler die entsprechenden Szenen heraussuchen sowie – nach dem hier vorgestellten Modell – gruppenweise umschreiben und einüben zu lassen. Das Einüben sollte durch den Lehrer pädagogisch begleitet werden, der auch für einen entsprechend würdigen Rahmen der Aufführung, z. B. in einem geeigneten Saal oder in der Aula sorgen sollte.

Handelt es sich um wenig spielfreudige Gruppen oder möchte man lediglich die ausgewählte Szene näher behandeln, kann man sich auch auf szenisches Lesen beschränken.

III Nach der Lektüre

Pour aller plus loin – Le handicap dans la société (KV 14)

Bei der vertiefenden Arbeit zu den thematischen Schwerpunkten *la critique de la société à travers le destin de Simple* und vor allem *vivre le handicap* kann mit Aufgaben zum Text selbst gearbeitet werden, darüber hinaus aber auch mit den Materialien der KV 14, welche diesen Themenkomplex erweitern und vertiefen.

Le handicap à travers le roman
1. Relevez les passages du roman qui décrivent différentes réactions face au handicap mental de Simple. Analysez ces réactions. Que peut-on en déduire ?
2. Discutez : En quelle sorte l'auteur critique-t-elle la société avec ses descriptions ? Quelle est votre opinion personnelle ?
3. La lecture du roman a-t-elle changé votre attitude envers les handicapés ?

La fiche de travail « Le handicap dans la société »
1. La parole aux parents : Selon les parents concernés, quelles difficultés rencontrent-ils au quotidien ?
2. Analysez les témoignages : Quel genre de comportement ces témoignages choisis dénoncent-ils ?
3. Faites une recherche sur Internet pour trouver d'autres témoignages qui ajoutent de nouveaux aspects à la discussion.
4. Travail créatif : On compte établir un foyer occupationnel* dans une vieille école de votre petite ville. Préparez une discussion lors de laquelle différents représentants discutent ce projet. Travaillez en groupes pour trouver des arguments valables. Les représentants seront : Le(s) parent(s) d'un handicapé mental, une monitrice, le maire de la ville, un représentant de l'UNAPEI, un représentant du mouvement de défense (Bürgerinitiative) fondé contre ce nouvel établissement.

* Définition du foyer occupationnel / foyer ou section d'accueil de jour / centre d'insertion par le travail et les loisirs… :
Structure prenant en charge toute la journée des adultes handicapés disposant généralement d'une relative autonomie dans les actes de vie quotidienne, mais incapables, durablement ou momentanément, d'exercer une activité professionnelle dans un cadre protégé.

Wenn die Leseförderung im Französischunterricht über die Arbeit mit dem Roman hinaus intensiviert werden soll, bieten sich zur weiteren Arbeit individuelle Buchvorstellungen zum Thema *handicap* an. Interessierte Schüler können entweder selbst per Internet-Recherche ein Buch zum Thema suchen und nach der Lektüre vorstellen; in der beigefügten Bibliographie finden sich zudem einige Beispiele für mögliche Titel, die sich für die thematische Erweiterung eignen würden. Ferner bietet das *Bureau du livre de jeunesse* in Frankfurt am Main die Ausleihe von französischen Kinder- und Jugendbüchern an und stellt auch zu verschiedenen Themen Büchersets zusammen, die dann in der Klasse gelesen werden können (Literaturhinweise und Adressen siehe Anhang).

Critique littéraire du roman (KV 15)

Nach Abschluss der Lektüre sollten die Schüler möglichst Gelegenheit haben, sich in der Zielsprache zu ihren Leseerfahrungen zu äußern und auszutauschen. Ein erster Schritt dazu ist das Notieren der individuellen, noch eher subjektiven Leseeindrücke (*Mon jugement personnel*), welches dann in eine fundiertere, objektive Kritik des Werkes münden sollte. Ist vorgesehen, die KV 15 vollständig als Hausaufgabe bearbeiten zu lassen, so ist es sinnvoll, als Vorbereitung mit den Schülern die Funktion dieses zweischrittigen Vorgehens zu besprechen.

Als Auswertung der Ergebnisse können sich die Schüler entweder in Gruppen ihre Kritiken gegenseitig vorlesen, wobei jede Gruppe in einem zweiten Schritt den besten Text der Gesamtgruppe vorträgt. Oder aber man lässt jede Kleingruppe nach Sichtung der einzelnen Kritiken eine gemeinsame *critique littéraire* verfassen, die entsprechend umfassender und reicher an Aspekten sein sollte.

Alternativ dazu können die Schüler – nach dem Modell der KV 16, die dann im Anschluss an die beschriebene Gruppenarbeitsphase ausgegeben werden kann – ebenfalls Auszüge aus den eigenen *critiques littéraires* zusammenstellen, die z. B. in Form einer Wandzeitung ausgestellt werden könnten.

Soll die KV 15 im Unterricht bearbeitet werden, kann ein schöner Einstieg ein „Lesebarometer" sein, bei dem sich die Schüler im freigeräumten Klassensaal mit oder ohne Stuhl entlang einer gedachten Linie aufreihen, wobei die beiden Pole *génial* bzw. *nul* sind. So entsteht sehr schnell ein erstes Meinungsbild der gesamten Lerngruppe. Ergänzend kann man die Schüler bitten, in Form eines „Blitzlichtes" (alle oder ein Teil der Schüler äußern sich knapp, in Form von ein bis zwei Sätzen) kurz zu begründen, warum sie den entsprechenden Platz im „Barometer" gewählt haben. Somit erhält man methodisch mit einfachen Mitteln einen ersten Gesamteindruck über die Leseerfahrungen und leitet motivierend zur schriftlichen Äußerung über.

Bei Lerngruppen, die Schwierigkeiten haben, sich spontan in der Zielsprache zu äußern, kann man in der Unterrichtsstunde lediglich die Rubrik *Mon jugement personnel* bearbeiten lassen und die Schüler anschließend in ein sogenanntes „Kugellager" setzen: Die Gruppe bildet einen doppelten Stuhlkreis, die Gesichter der jeweiligen Pärchen sind einander zugewandt. Der Lehrer gibt jeweils eine Frage oder ein Diskussionsthema mit Zeitlimit vor, über das die Partner sprechen. Vor Bearbeitung der nächsten Frage rotieren die Schüler einer der beiden Stuhlkreise - ohne Stuhl - um zwei bis drei Plätze weiter, so dass jede Aufgabenstellung mit einem neuen Gesprächspartner diskutiert wird. So wird erreicht, dass alle Schüler der Lerngruppe 10-15 Minuten in der Zielsprache kommunizieren, und zwar mit mehreren Gesprächspartnern. Bei der Diskussion dürfen die Schüler die vorher angefertigten Aufzeichnungen verwenden, was das Sprechen erleichtert.

L'écho de la presse et des jeunes lecteurs (KV 16)

1 Quels sont – selon les extraits choisis – les critères d'un bon livre ?

Les ados :
- le traitement d'un sujet difficile
- le dynamisme de l'histoire
- un livre touchant et drôle
- l'identification possible avec les personnages
- le réalisme
- les caractères complexes
- le message / la morale de l'histoire

Les pros :
- une histoire touchante et émouvante
- l'identification possible avec les personnages
- le livre incite à la discussion
- un sujet grave
- les sujets qui intéressent : la petite enfance, la difficulté de grandir
- son message : l'art de vivre ensemble, le respect de la différence
- un langage proche des jeunes
- le mélange de tendresse, d'émotions et de réalisme

2 Comparez ces critères-là à ceux que vous avez mentionnés dans vos propres textes (voir KV 15).
3 Partagez-vous leurs avis ? Justifiez votre réponse. Discutez-en en groupes.
4 Selon vous, quelles sont « les habitudes de la littérature pour adolescents » (www.prixfarniente.be). En quoi le roman de Marie-Aude Murail diffère-t-il de ces habitudes mentionnées ?

(ein weiterer Vorschlag zur Arbeit mit den Textauszügen findet sich unter den Hinweisen zur KV 15)

À la rencontre de l'auteur du roman (KV 17)

Quelques premières questions

1 Quelle réponse de Marie-Aude Murail vous plaît le plus ? Dites pourquoi.
2 « Amour et humour » – donnez des exemples : comment l'auteur traite ces sujets dans *Simple* ?
3 Choisissez deux questions auxquelles vous aimeriez répondre vous-même. Faites-le !

La Foire aux questions

1 Décrivez le travail créatif de l'auteur.
2 Essayez de caractériser l'auteur d'après ce que vous avez lu sur elle dans les interviews. Référez-vous aussi à sa biographie.
3 Citez quelques phrases de ses réponses qui vous plaisent et expliquez votre choix. Y a-t-il des idées ou des opinions qui ne vous plaisent pas ? Discutez !

Supplément pour l'enseignant

Marie-Aude Murail a deux frères et une sœur : Tristan, compositeur, Lorris, écrivain et Elvire, écrivain également (pour les enfants, sous le pseudonyme de Moka). Longtemps parisienne, elle vit aujourd'hui à Orléans. Mariée, elle est mère de trois enfants, deux garçons et une fille. Elle a d'abord forgé ses outils de réflexion en Sorbonne. Sa thèse en lettres modernes s'intitulait : « Pauvre Robinson ! ou pourquoi et comment on adapte le roman classique au public enfantin ». En 1985, Pierre-Marcel Favre édite à Lausanne son premier roman pour adultes, « Passage », suivi de « Voici Lou ». 1986 voit ses débuts en littérature jeunesse. Dès lors, contes, histoires et romans vont se succéder dans les magazines du groupe Bayard : « Astrapi » et « J'aime Lire », puis « Je bouquine ». Fin 1987, « Mystère » est publié chez Gallimard. En mars 1988, Marie-Aude Murail fait son entrée à l'École des loisirs avec « Le Chien des mers » puis « Le hollandais sans peine » : ces deux livres lui vaudront de recevoir deux années consécutives le Prix Sorcières, décerné par l'Association des Libraires Spécialisés Jeunesse. « Baby Sitter Blues » paraît en 1989, premier d'une série de sept titres consacrés à un adolescent nommé Emilien. Parallèlement, en 1991, « Dinky rouge sang » initie une deuxième série mettant en scène un professeur en Sorbonne, Nils Hazard, que son imagination place régulièrement au cœur d'intrigues policières. Depuis « Ma vie a changé », Marie-Aude Murail explore une troisième veine, celle d'un quotidien sensiblement décalé vers le fantastique, avec « Amour, vampire et loup-garou » et « Tom Lorient ». Ses nombreuses rencontres avec ses lecteurs, dans les écoles et les bibliothèques, en France comme à l'étranger, ont incité Marie-Aude Murail à raconter la naissance de sa vocation « d'écrivain jeunesse » dans un texte où elle expose aussi ses convictions militantes sur l'apprentissage de la lecture, l'école et l'illettrisme : « Continue la lecture, on n'aime pas la récré... ». Les livres de Marie-Aude Murail sont traduits en allemand, espagnol, italien, grec, japonais, américain, coréen.

Quelle: www.ricochet-jeunes.org/carteblanche.asp
Visitez aussi le site de Marie-Aude Murail: http://perso.wanadoo.fr/mamurail/

Annotations :
forger schmieden – **un outil** – Werkzeug – **une thèse** Doktorarbeit – **dès lors** à partir de là – **se succéder** se suivre – « **J'aime lire** » et « **Je bouquine** » sont deux séries de livres de jeunesse qui paraissent en édition spéciale chez Bayard – **L'école des loisirs** maison d'édition spécialisée en littérature de jeunesse – **consécutif** qui se suivent – **une veine** une thématique – **décalé** qui tourne vers – **l'illettrisme** *m* le fait de ne pas savoir lire

Anhang
1 Nützliche Adressen und Literaturhinweise

1. Bundesarbeitsgemeinschaft Französisch an Gesamtschulen – Stichwort Lesebilder (www.bag-frz.de/material/lesebilder/lesebilder.html)
2. Bureau du Livre de Jeunesse, Kollwitzstr. 3, Seminargebäude, 60488 Frankfurt am Main, Tel.: 069/740379, bureaulivrejeunesse@t-online.de
3. Homepage von Marie-Aude Murail (http://perso.wanadoo.fr/mamurail)
4. *Lesarten*. Materialien zum Unterricht Nr. 139/Französisch 7, Hessisches Landesinstitut für Pädagogik (HeLP), Wiesbaden, 1999, ISBN 3-88327-416-X
5. *Leseförderung im Französischunterricht als Beitrag zur interkulturellen Kommunikation* (Schwerpunkt: Präsentieren lernen) Evaluationsbericht der Kopernikusschule Freigericht – Kultur und Leben in Europa (www.europa-schulen.de/fileadmin/evaluationen/04_05/kopernikus.pdf)
6. Okapi online – Diskussionsforum zu Literatur und Lesen der französischen Jugendzeitschrift *Okapi* (forum.okapi-jebouquine.com)
7. www.jeunet.univ-lille3.fr
8. www.kultur-frankreich.de/prixdeslyceens
9. www.ricochet-jeunes.org/carteblanche.asp

2 Jugendliteratur zum Thema *le handicap*

1 Documentaires

QU'EST-CE QU'IL A ? LE HANDICAP
Auteur : Patrice Favaro – Vanessa Rubio
Illustrations : Natali Fortier
Editeur : Autrement jeunesse
Collection : Autrement junior Société
2002 - 7,95 euros
Documentaire à partir de 10 ans
« La différence suscite toujours des interrogations, de la méfiance... Lorsque nous croisons quelqu'un qui n'entend pas bien, qui ne voit pas, ou qui est atteint d'une maladie mentale, nous ne savons pas toujours comment réagir et des questions se posent : Pourquoi est-il différent ? Est-ce qu'il souffre ? Comment l'aider ? Et si ça m'arrivait ? »

UN COPAIN PAS COMME LES AUTRES
Auteur : Sylvie Baussier
Illustrations : Olivier Rossan
Editeur : La Martinière jeunesse
Collection : Oxygène
2000
Documentaire à partir de 11 ans
« On a tous un copain, une cousine, un frère, une soeur qui n'est pas tout à fait comme les autres. Parce qu'il a des attitudes bizarres, parce qu'il est dans un fauteuil roulant ou parce qu'il faut lui donner la main pour traverser la rue... Mais est-il vraiment si différent ? »

2 Albums

QUI ES-TU LAURETTE ?
Auteur : Florence Cadier
Illustrations : Stéphane Girel
Editeur : Nathan
Collection : Première Lune
1999
Album à partir de 6 ans
« Laurette, une petite fille trisomique, invite les jeunes lecteurs, par ses actions, à changer leur regard sur des enfants différents. La petite fille conte ici ses moments de peine, ses difficultés à s'intégrer à l'école, mais également sa joie et ses petits bonheurs. »

3 Romans

ESIE-LA-BÊTE
Auteur : Rose-Claire Labalestra
Editeur : Thierry Magnier
2000
Roman à partir de 12 ans
« La vie d'Elizabeth (dite «Esie-la-bête) dont les parents sont handicapés mentaux n'est pas toujours facile. Depuis sa naissance, Elizabeth a vécu entourée de leur amour et de l'affection de ses éducateurs. Une situation familiale lourde, entre les désirs adolescents de la jeune fille et un sentiment profond de culpabilité. »

LE TEMPS D'UNE AVERSE
Auteur : Marie-Sophie Vermot
Editeur : Ecole des Loisirs
Collection : Médium
1997
Roman à partir de 12 ans
« Rose doit passer trois semaines de vacances sur une île en Bretagne, avec Léa, handicapée mentale. Si au début de cette relation, la jeune fille considère ses vacances « comme un cauchemar », elle devra petit à petit changer d'avis et accepter les différences. Entre préjugés et tolérance, un très beau texte sur l'acceptation de soi et des autres. »

1 Approche (I) – Le titre

Marie-Aude Murail
Simple

Éditions Klett

© Ernst Klett Sprachen GmbH, Stuttgart 2007. Alle Rechte vorbehalten. Vervielfältigung zu Unterrichtszwecken gestattet.
Simple · **Dossier pédagogique** ISBN 978-3-12-592251-8

Approche (II) – La table des matières

Table des matières

Simple (texte intégral et notes)

Chapitre 1
Où monsieur Pinpin pète le téléphone 5

Chapitre 2
Où monsieur Pinpin se trouve un terrier pas super 21

Chapitre 3
Où monsieur Pinpin veut que tout le monde ait une queue 33

Chapitre 4
Où monsieur Pinpin se rend à la messe et oublie d'en revenir 43

Chapitre 5
Où monsieur Pinpin, pour avoir trop fait la fête, finit sur une table d'opération 53

Chapitre 6
Où monsieur Pinpin fait l'amour et la guerre 64

Chapitre 7
Où monsieur Pinpin échappe de justesse aux requins 75

Chapitre 8
Où monsieur Pinpin offre les roses roses à Zahra 85

Chapitre 9
Où monsieur Pinpin fait la connaissance de madame Sossio 95

Chapitre 10
Où monsieur Pinpin s'entend super bien avec la petite fille sourde 107

Chapitre 11
Où monsieur Pinpin reprend le chemin de Malicroix 117

Chapitre 12
Où monsieur Pinpin prend la clef des champs 133

Chapitre 13
Où meurt monsieur Pinpin 146

Biographie 163

Bibliographie 165

Liste des abréviations 167

Première rencontre avec le langage et le style du roman

1 Jouez aux détectives et trouvez les expressions françaises qui correspondent aux mots suivants :

Bau, Höhle ....

das Weite suchen ....

le service religieux ....

casser, détruire ....

entkommen ....

retourner à ....

Schwanz ....

2 L'auteur utilise souvent des termes appartenants à la langue familière. Retrouvez-les à l'aide de votre dictionnaire.

3 Est-il courant qu'un écrivain utilise ce type de mots dans une table des matières ? Qu'en pensez-vous ?

Sacré monsieur Pinpin !

Selon vous, qui est monsieur Pinpin ? Est-ce un personnage important du roman et – si oui – pourquoi ? Justifiez votre réponse ! Que pensez-vous de ce nom ?

La structure du roman

Quelle est votre première impression en lisant cette suite de titres ? Y a-t-il un lien logique entre les contenus des chapitres ? Notez vos impressions et vos idées à propos du contenu.

3.1 Chapitre 1 – La vie de Kléber et Simple

Première scène (p. 5-9) : Rencontre avec les personnages principaux – Pistes de lecture

1 Remplissez le tableau en vous aidant du texte.

	Kléber*	Simple
comportement		
traits de caractère		
physique		

*Kléber / Cléobert est un vieux prénom rare d'origine germanique qui signifie maçon [Maurer]

2 Quelle impression avez-vous de Kléber et de Simple ? Trouvez-vous les deux sympathiques ? Justifiez votre réponse.

....
....
....

3 Quel est rapport de ces deux garçons ? Décrivez la situation actuelle dans laquelle ils vivent.

....
....
....

Analyse de la deuxième et troisième scène (p. 7-11)

1 Quelles sont les réactions de Kléber face au comportement de Simple ?
2 Que pensez-vous de leur père ? Que peut-on dire de son caractère ?
3 Qu'apprend-on par le jeu de Simple avec les Playmobil ?

Troisième et cinquième scène – les jeux de Simple (p. 9-11, p. 19-20)

1 Qui est monsieur Pinpin ?
2 Pensez-vous qu'on puisse laisser Simple sans surveillance ?

Le style du roman (I) – Le passé simple 3.2

Das *français soutenu*

Der Gebrauch des *passé simple* ist ein Kennzeichen des *français soutenu*, einer gepflegten Ausdrucksweise der Schriftsprache. Aber nicht nur in schriftlichen Texten, sondern auch in Vorträgen und Sendungen begegnet man dieser gewählten Ausdrucksweise. « Le passé simple, c'est la baguette magique du français » (Marie-Aude Murail dans : Gérard Alamargot, *Le passé simple, c'est la baguette magique du français*, in: Trait d'union (Klett) Herbst 1997)

Elemente des *français soutenu*
- Inversionsfrage
- Lexik / Wortwahl
- vollständige Verneinung
- Passiv
- *participe présent*
- *futur simple*
- *passé simple*

Die Bildung des *passé simple*

Die Formen des *passé simple* der Verben auf *-er* werden aus dem Infinitivstamm und folgenden Endungen gebildet:

-ai/-as/-a/-âmes/-âtes/-èrent

Die Formen des *passé simple* der Verben auf *–ir* und *–(d)re* werden aus dem Infinitivstamm und folgenden Endungen gebildet:

-is/-is/-it/-îmes/-îtes/-irent

Unregelmäßige Verben haben oft einen besonderen Stamm für das *passé simple*. Verwendet werden als Endungen

-is/-is/-it/-îmes/-îtes/-irent

oder

-us/-us/-ut/-ûmes/-ûtes/-urent

Der Gebrauch des *passé simple*

Wie das *passé composé* drückt das *passé simple* gleichermaßen Handlungen bzw. die Handlungskette in einem Text aus. Diese Zeitformen werden aber in unterschiedlichen Textsorten verwendet:

➢ Das *passé composé* wird in der gesprochenen und geschriebenen Sprache verwendet; in geschriebenen Texten begegnet es uns in Vorträgen, Briefen, Theaterstücken und kommt daher in allen Personen vor.
➢ Das *passé simple* gehört ausschließlich der geschriebenen Sprache an; es wird vor allem in erzählenden Texten gebraucht, z.B. in Romanen, in historischen Darstellungen, seltener auch in Zeitungstexten und kommt meistens nur in der 3. Person vor.

Merke:

➢ Es ist ausreichend, die Formen des *passé simple* erkennen zu können!
➢ In eigenen Texten verwendet man stets das *passé composé*!
➢ Bei Nacherzählungen von Texten mit *passé simple* werden die Formen entsprechend durch Formen des *passé composé* ersetzt!

Reconnaître les formes du passé simple

Voici quelques formes du passé simple tirées du chapitre 1 du roman.
Trouvez les infinitifs et les formes du passé composé correspondantes !

passé simple	infinitif	passé composé
il jeta		
il répondit		
il se tourna		
il se leva		
il descendit		
il tira		
elle cria		
il reprit		
elle eut		
ils protestèrent		
il vit		
il rugit		
il commença		
ils remirent		
elle dit		
il s'arrêta		
il reconnut		
elle ouvrit		
ils passèrent		
il fit		
il intervint		
elle rendit		
il se mit		
elle aperçut		
il se détendit		
il éteignit		
il reçut		
il envahit		
il fut		
il tendit		
il voulut		
ils s'assirent		
il avertit		

Chapitre 1 – L'univers de Simple

Le langage de Simple

Trouvez les mots corrects qui correspondent à ceux qu'utilise Simple.
Quelles sont les raisons pour ses erreurs ?

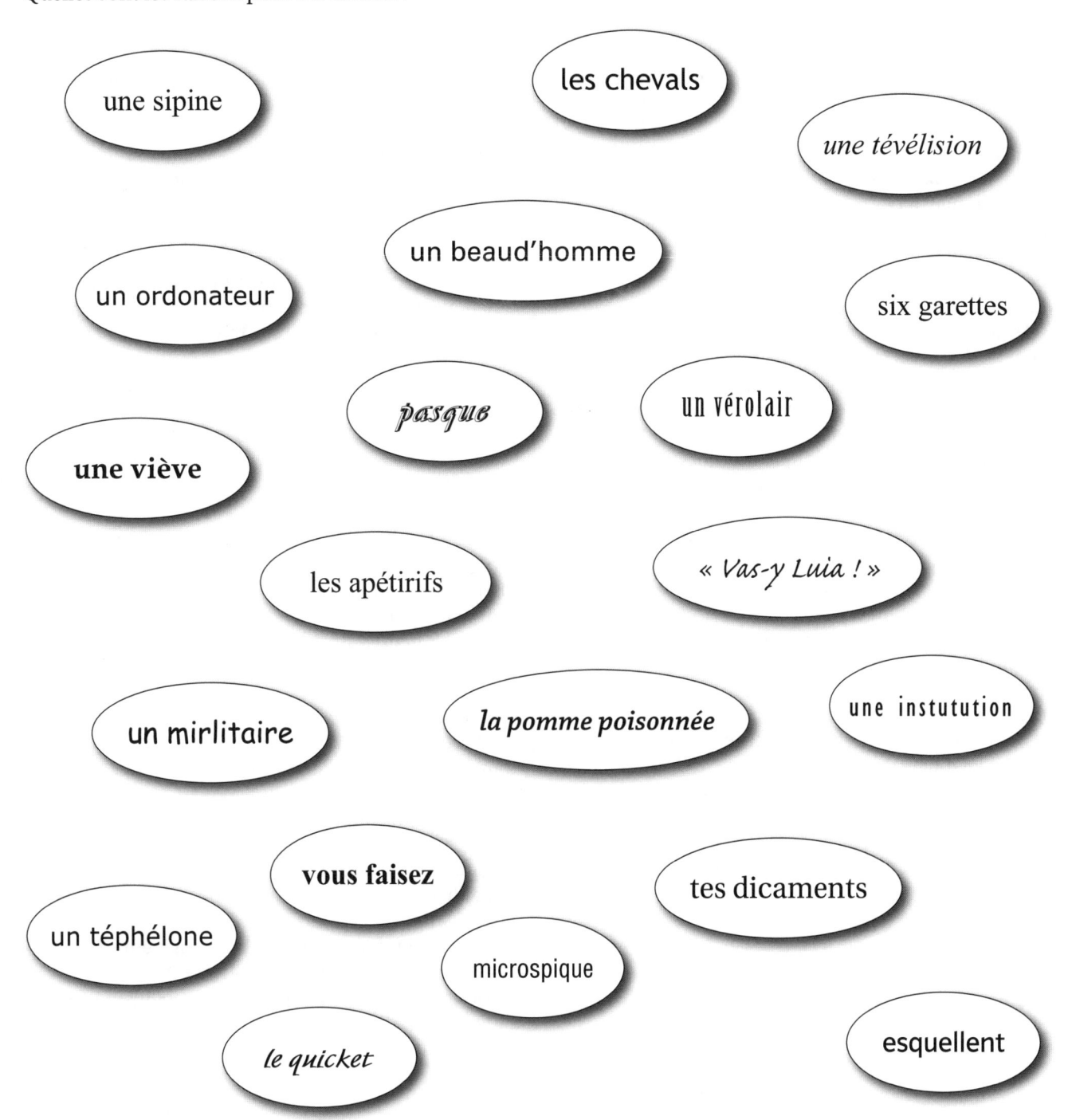

- une sipine
- les chevals
- *une tévélision*
- un ordonateur
- un beaud'homme
- six garettes
- *pasque*
- un vérolair
- une viève
- les apétirifs
- *« Vas-y Luia ! »*
- un mirlitaire
- *la pomme poisonnée*
- une instutution
- vous faisez
- tes dicaments
- un téphélone
- microspique
- esquellent
- *le quicket*

Ses peurs et ses angoisses

Relisez le premier chapitre et retrouvez les situations dans lesquelles Simple a peur.
Comment ses angoisses s'expliquent-elles ?

Ce que nous racontent ses jeux

1 Lisez les trois scènes dans lesquelles Simple joue avec ses Playmobil :

1ère scène

> Pendant ce temps, Simple, qui avait renversé sur le lit tout un sac de Playmobil,
> jouait à mi-voix,
> l'air absorbé. Mais il laissait traîner une oreille.
> – Lui, il est pas sage, dit-il d'un petit cow-boy blanc et noir, il va aller à l'instutution.
> Simple prit un air de sombre satisfaction. Le petit bonhomme eut droit à des menaces,
> des claques,
> une piqûre. Puis il le mit sous son oreiller.
> – Au secours ! Au secours ! cria le petit cow-boy.
> Tout en discutant avec son père, Kléber regardait jouer son frère.
> – Le mieux, c'est qu'on trouve une piaule à louer. On sera indépendants… Mais non, papa,
> il n'y a pas à « surveiller » Simple. Il a vingt-deux ans.
> Simple venait de reprendre le Playmobil sous l'oreiller et il le disputait :
> – T'es un i-di-ot. Moi, je veux plus te voir. Je vais faire un trou. Tu vas aller dans le trou et
> puis tu vas être mort et moi, je suis pas triste de toi. Où il est, monsieur Pinpin ?
> Il chercha son lapin, l'œil égaré. Quand il l'aperçut, il se détendit brusquement :
> – Aaaah ! Le voilà. Monsieur Pinpin, il va tuer Malicroix.
> Il y eut sur le lit un effroyable carnage. Monsieur Pinpin tomba au milieu des Playmobil,
> les jeta en l'air ou les écrasa contre le mur.
> – Monsieur Pinpin, il pète la gueule, dit tout bas Simple.

2ème scène

> Simple avança sur la pointe des pieds, craignant de réveiller quelque enchantement dans
> ce lieu mystérieux. Puis il aperçut une porte entrouverte. Il la poussa. C'était un placard
> intégré dans le mur. Vide. Simple sourit et plongea la main dans sa poche. Il en sortit deux
> Playmobil. Il avait aussi emporté tout un fourbi de petits objets. Il les installa sur les
> étagères et recréa en miniature tout un appartement. Oubliant à l'instant même où il
> se trouvait, il joua à mi-voix, la tête dans le placard.

3ème scène

> Il s'assit sur la machine à laver et regarda la baignoire se remplir.
> – Tu mets la mousse ?
> Simple ouvrit une bouteille bleue et en versa un bon quart dans l'eau.
> – Plus ! Plus ! cria monsieur Pinpin en sautillant d'une jambe sur l'autre.
> – C'est des bêtises, lui dit Simple d'un ton sévère.
> Monsieur Pinpin fit semblant de n'avoir rien entendu.
> – On fait le camping ?
> Simple avait la toile de tente Playmobil et des skieurs et une barque et des pingouins.
> Tout cela faisait un camping des plus convaincants.
> – J'ai perdu un ski, dit Simple.
> Il avait renversé tout le sac sur le carrelage et il cherchait.
> – Merde, fit monsieur Pinpin.
> – Oh, oh, vilain mot.
> – On s'en fout.
> Ils ricanèrent. Puis tous deux plongèrent dans la mousse, noyèrent des skieurs, sauvèrent
> des pingouins, ramèrent entre des icebergs. Au bout d'une heure, le bain était froid, le
> carrelage trempé et monsieur Pinpin tout alourdi d'eau.

2 Où voyez-vous des différences à ces jeux ? Quelle pourrait être la fonction de chaque jeu ?

3 Vous rappelez-vous des situations qui vous ont fait peur, des mots que vous avez créés ou des jeux auxquels vous avez joué et rejoué lorsque vous étiez enfants ? Mettez-vous en groupe et parlez-en ! Choisissez les anecdotes les plus drôles et racontez-les aux autres.

Chapitre 2 – Première rencontre avec les colocataires (I)

Cochez ☑ pour chacun des personnages trois à quatre adjectifs qui les caractérisent le mieux.
Justifiez votre choix en vous référant au texte !

nom du personnage	Aria	Corentin	Emmanuel	Enzo
mal assuré				
sensible				
ferme				
froid				
fort				
résigné				
inquiet				
ennuyé				
nerveux				
sauvage				
doux				
réaliste				
brave				
niais / bête				
courageux				
idéaliste				
calme				
viril				
grognon				
tendre				
inconstant				
romantique				
têtu				
naïf				
anxieux				
gai				
vif				
patient				
enfantin				
timide				
sombre				
mélancolique				
mystérieux				
passionné				
soucieux				
fidel				
morose / maussade				
renfermé				
colérique				
sentimental				
passif				
dynamique				
ouvert				
blagueur				
ambitieux				
gentil				

© Ernst Klett Sprachen GmbH, Stuttgart 2007. Alle Rechte vorbehalten. Vervielfältigung zu Unterrichtszwecken gestattet.
Simple · Dossier pédagogique ISBN 978-3-12-592251-8

5.2 Chapitre 2 – Première rencontre avec les colocataires (II)

Le portrait des colocataires (p. 21-30)

1. Cherchez des informations sur les quatre colocataires pour tracer leur portrait et complétez le diagramme ci-dessous. (Continuez à le compléter au fil de la lecture !)

	Aria	Corentin	Emmanuel	Enzo
âge				
aspect physique				
curriculum vitae ; activités				
traits de caractère				
rapports avec les autres personnages				
rêve de … (explication)				
a peur de … (explication)				
réfléchit sur … (explication)				
a un problème avec … (explication)				

2. Décrivez comment ils réagissent à l'encontre de Simple. Comment le traitent-ils ?

Chapitre 2 – Les rapports dans la coloc

Portraitez en groupes les quatre jeunes gens et complétez le sociogramme.

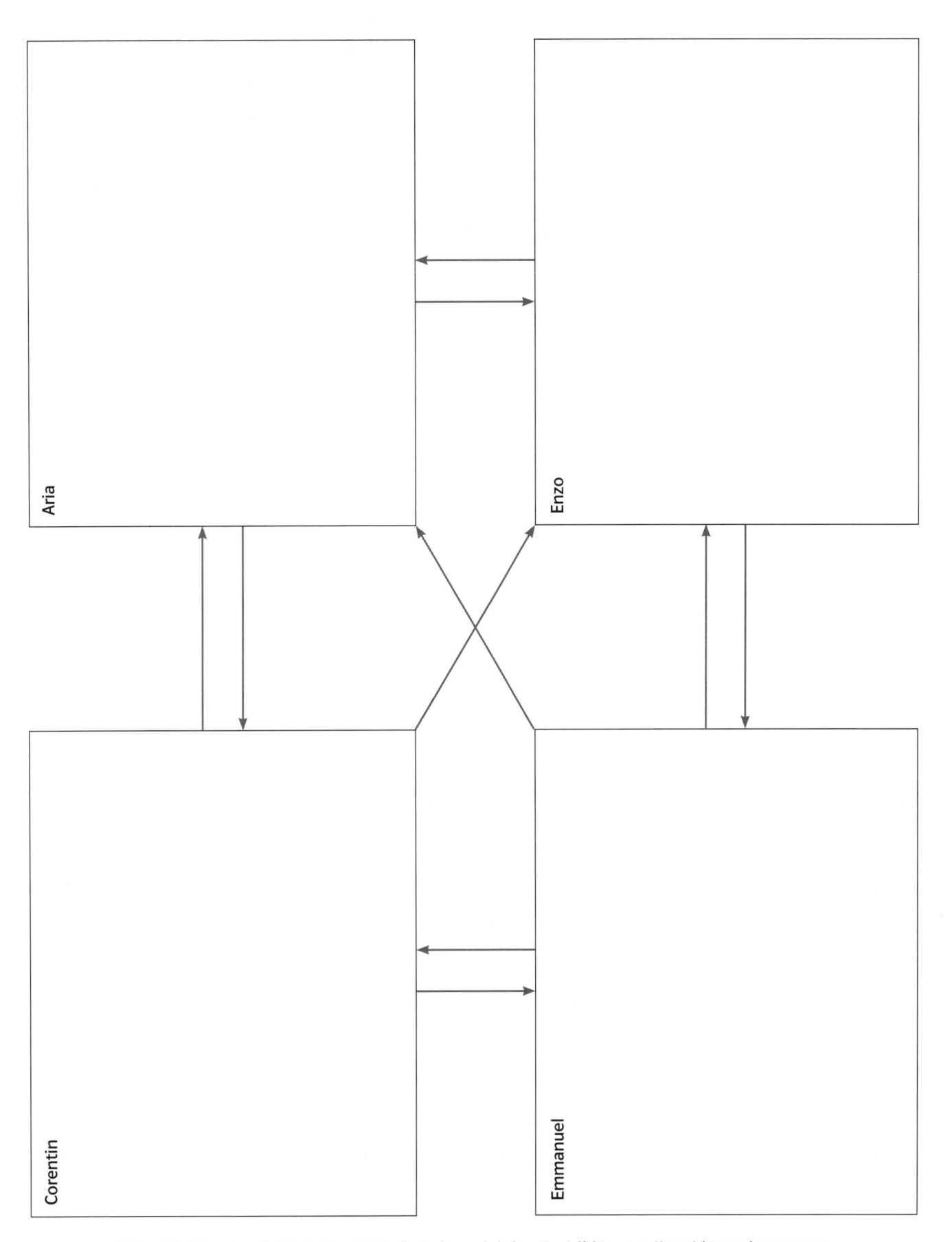

Aria

Enzo

Corentin

Emmanuel

Chapitre 3 – Analyse et présentation des cinq scènes

Lisez ce chapitre scène par scène et analysez celles-ci. Travaillez en cinq groupes pour vous repartir la tâche. Voici quelques questions pour vous aider :

a) Quelle était votre impression des personnages de la colocation avant leur rencontre avec Simple ? Votre impression a-t-elle changé après ? Comment chaque personnage réagit-il en apprenant que Simple est débile ?

b) Dans ce chapitre apparaît une thématique nouvelle : la sexualité chez les adolescents. Comme un enfant, Simple pose toute sorte de questions sur la sexualité. Pourquoi les questions ou les commentaires de Simple dans ce domaine sont-ils drôles ?

c) Dites comment l'auteur nous fait entrer dans la psychologie de Simple. Comment nous fait-elle connaître ses angoisses ?

d) Comment se manifeste la complicité entre Enzo et Simple (p. 37-38) ?

e) Quelles scènes trouvez-vous particulièrement drôles ? Dites pourquoi.

	action	analyse des caractères
1ère scène		
2e scène		
3e scène		
4e scène		
5e scène		

Chapitre 3 – Le rôle de monsieur Pinpin

1 Lisez les 4 passages suivants :

① *(p. 10-11)* Il chercha son lapin, l'œil égaré. Quand il l'aperçut, il se détendit brusquement :
– Aaaah ! Le voilà. Monsieur Pinpin, il va tuer Malicroix.
Il y eut sur le lit un effroyable carnage. Monsieur Pinpin tomba au milieu des Playmobil, les jeta en l'air ou les écrasa contre le mur.
– Monsieur Pinpin, il pète la gueule, dit tout bas Simple.

② *(p. 12-13)* Vers dix heures, alors que les Playmobil assis en rond autour du cow-boy l'empêchaient de s'évader, le portable se mit à sonner.
– C'est moi, c'est moi ! hurla Simple.
À demi fou d'excitation, il appuya sur le sigle du téléphone.
– Allô, Simple ? fit Kléber.
– Allô, monsieur-madame ? Bonjour, comment ça va ? Merci, ça va bien, il fait beau, au revoir, madame.
– Attends, c'est ton frère…
Un peu effrayé, Simple se tourna vers monsieur Pinpin :
– C'est le beaud'homme.
– Pète le téphélone ! ordonna monsieur Pinpin qui faisait des petits bonds sur place. Pète dans le mur !
Simple lança le téléphone contre le mur avec une sorte de violence apeurée. Puis il l'acheva à coups de talon. Après avoir repris son calme, il se pencha et examina le téléphone fracassé.
– Tu le vois ? s'informa monsieur Pinpin, prêt à détaler.
– Nnnnon, hésita Simple.
– Je le savais, fit monsieur Pinpin en se recouchant sur l'oreiller. Il est microspique !

④ *(p. 33-34)* Il poussa un « ah ! » de triomphe en apercevant sur la table basse les restes de l'apéritif. Il y avait là des Apéricube que son frère ne lui avait pas laissé le temps d'expérimenter. Il sortit un des cubes de fromage goût poivre de son emballage et l'aplatit contre son palais. Il devint tout rouge et se dépêcha de recracher la bouillie épicée.
– C'est poison, c'est poison ! s'écria monsieur Pinpin en faisant des bonds. Tiens, bois !
Il poussa vers Simple la bouteille de whisky. Simple s'en versa un bon demi-verre et but. Il crut étouffer.
– Tu vas être mort ! s'enthousiasma monsieur Pinpin.
Simple courut vers la cuisine, ouvrit le robinet et mit la tête dessous. Il but puis se redressa, négligeant de refermer le robinet. Il venait d'apercevoir quelque chose de très intéressant.
– Un feu, dit-il à monsieur Pinpin.
Il y avait un briquet près d'un cendrier. Simple le toucha du bout du doigt, s'attendant à en voir jaillir une flamme.
– Prends, prends ! l'encouragea monsieur Pinpin.
– Y a pas un beaud'homme dedans ?
– Mais non ! Il serait tout brûlé.
Simple leva les yeux au plafond tout en attrapant le briquet. Il ne souhaitait pas voir ce que faisait sa main, car Kléber ne serait sûrement pas d'accord. Il se sentait tellement coupable qu'il sursauta en entendant une porte s'ouvrir. Il glissa le briquet dans sa manche et s'apprêta à regagner sa chambre.

③ *(p. 29-30)* Tandis que Kléber s'efforçait de plaire aux colocs, monsieur Pinpin prenait possession de son nouveau terrier.
– C'est pas super, dit-il.
Puis il aperçut la couette sur le grand lit.
– On peut faire la grotte ?
Peu de gens savent qu'une couette fait une excellente grotte à lapin. Simple l'arracha du lit et la modela en s'aidant des oreillers et du polochon. Puis monsieur Pinpin y risqua ses oreilles.
– C'est bien, dedans ? demanda Simple.
Monsieur Pinpin s'enfonça tout à fait et on entendit sa voix étouffée qui râlait :
– C'est pas super.
Il ressortit :
– Y a même pas de chaise.
– Oui, mais c'est calme, nord, sud, sud-ouest, récita Simple, mettant à profit ses relations récentes avec les agences de location.
– T'as pas des chaises ? insista monsieur Pinpin.
Simple regarda autour de lui et se tapa le front du plat de la main. Mais si ! Il y avait quelques livres de poche sur une étagère. C'était de l'excellent mobilier à lapin. Tous les livres disparurent sous la couette, fournissant table, chaises et lit.
– C'est dur, le lit ! rouspéta monsieur Pinpin.
Un napperon plié servit de matelas. À force de plonger dans le terrier de monsieur Pinpin, Simple eut très chaud. Il ôta son blouson, puis sa chemise, ses chaussures, ses chaussettes.
– Moi, je suis à poil, l'encouragea monsieur Pinpin. T'as qu'à faire à poil.
Simple refusa à cause du couteau. Au bout d'une heure de jeu, la chambre était dans un état avancé de pagaille, avec des jouets et des vêtements répandus sur la moquette, et tout un fourbi au fond du lit. Kléber revint chercher son frère. Enzo l'escortait.
– Mais Simple, qu'est-ce que tu fais ?
Il regarda autour de lui, l'air vaguement coupable.
– Je fais le chantier.

2 Analyse
 a Comment l'auteur décrit-elle la peluche de Simple ? Que pouvez-vous en déduire ?
 b À quelle occasion la montre-t-il aux gens ? Comment réagissent-ils ?
 c Décrivez le rôle que prend monsieur Pinpin dans les jeux de Simple en vous référant aux extraits du texte.
 d Expliquez pourquoi Simple devient nerveux lorsqu'il pense que sa peluche n'est plus là.

Chapitre 4 – Vorschlag zur Leistungsmessung (I)

Résumé des pages 43-45 :

Le dimanche matin, Kléber et Simple vont à l'église pour la messe. Ils y rencontrent monsieur Villededieu et sa femme; le vieux monsieur est étonné d'y voir des jeunes gens de la colocation.
Comme Simple s'y ennuie, il commence à se promener dans le fond de l'église et entre finalement dans le confessionnal (Beichtstuhl) où il joue avec monsieur Pinpin qu'il y laisse. Après la messe, les frères se promènent en ville sans se rendre compte que Simple a oublié monsieur Pinpin dans le confessionnal. Puis vient l'heure de se coucher.

1. Résumez le texte p. 45-46.

   ....
   ....
   ....
   ....
   ....

2. Expliquez le rapport entre les deux frères et caractérisez-les.

   ....
   ....
   ....
   ....
   ....

3. Expliquez l'importance de monsieur Pinpin pour Simple.

   ....
   ....
   ....
   ....
   ....

Le style du roman (II) – Le français familier (I)

Le français familier – quelques exemples

1 Cherchez dans vos dictionnaires les mots du français standard correspondants !

un mégot ....
se figurer qc ....
un bouquin ....
péter un boulon ....
un truc ....
une connerie ....
un salaud ....
Ta gueule ! ....
ouais ....
les sous ....
se sauver ....

« C'est sympa ! » – Les abréviations - la troncation.

1 Complétez !

un intello	
perso	
	la gastro-entérite
	une hallucination
la fac	
	le syndicat

2 Mettez les phrases suivantes en français standard.

« C'est chiant, les jeunes [...]. Ça fait la différence entre le reggae et le ragga, ça parle de meufs et ça fume du shit. »
....
....

« J'ai toujours pensé qu'il était pédé. »
....

« Dis donc, t'arrêtes de bouffer à même le pot. C'est dégueulasse. »
....

« Il met le souk en un temps record, ton frangin. »
....

Corentin était plutôt impressionné par Emmanuel, un grand type viril, bosseur, pas vraiment marrant.
....
....

« Non mais attends, il est marrant, ce type ! Et il a un chouette lapin. »
....

« Vas-y, mais t'es chiant. [...] Casse-toi. »
....

« Aller en boîte, c'est con. Draguer dans la rue, c'est con. Se faire les meufs des autres, c'est con. [...] J'ai pris quatre kilos en un an. Je suis interdit de filles. Alors je bouffe. »
....
....

10.2 Le style du roman (II) – Le français familier

Dans quelles situations utilise-t-on les phrases suivantes ?

- Connard !
- Putain, ça fait mal.
- Quel dégonflé !
- Tu l'achèveras une autre fois.
- T'imagines !
- Tu nous soûles !
- Fous le camp.
- Monsieur Pinpin, il pète la gueule.
- Ça va aller, les gars !!
- Occupe-toi de tes fesses.
- Il met le souk en un temps record, ton frangin.
- Non mais attends, il est marrant, ce type !!
- Passe-moi le Nutella, papy.

pour exprimer la colère	pour être ironique

pour souligner son mécontentement	par humour

Le verlan

Le mot « verlan » est lui-même le verlan de l'envers: Il s'agit d'une langue parlée qui a connu une réintroduction massive par les amateurs du rap dans les années 1990. Ceux-ci, en majorité des jeunes issus de milieux défavorisés, utilisent dans leurs textes généralement engagés le verlan pour marquer leur différence culturelle et sociale.

Le développement rapide des nouveaux moyens de communication, notamment le SMS, a rendu pratique le verlan, car les formes verlanisées sont plus rapides à taper sur les claviers que les mots de la langue française officielle. Pour construire des mots, il suffit d'inverser les syllabes d'un mot et d'adapter l'orthographe.

Voici quelques exemples des mots en verlan tirés des chansons de hiphop.

la teuf (teu-fê) = la fête (fê-teu)
laisse béton = laisse tomber
zyva = vas-y
la chebou = la bouche
un Séfran = un Français
la turvoi = la voiture
le keuf (keu-fli) = le flic (fli-keu)
ouf = fou
une teuf = la fête
la zicmu / zic = la musique
le popi = le hiphop
ça me fait golri = ça me fait rigoler
zarb / zarbi = bizarre
une chemou = une mouche
géman = mangé

1. Amusez-vous à créer des mots allemands selon le même principe (en groupes).
2. Écrivez un petit texte dans lequel vous utilisez quelques exemples de la liste.

Le langage SMS

C koi 7 drôle 2 langue
(C'est quoi cette drôle de langue ?)

Il n'y a aucune règle, mais elle est basée sur plusieurs techniques qui sont aussi utilisées dans d'autres cadres comme les chats ou les forums internet :

* une lettre a la valeur d'une syllabe → le « C » peut avoir la valeur de « c'est », « ces » ou « ses »
* le « + » → « plus » ou comme « et »
* les smileys classiques → « :-) »
* les sigles → « MDR » pour « mort de rire », « HAND » pour « have a nice day »
* les abréviations → « txt msg » pour « text message », « bjr » pour bonjour, « slt » pour salut, « tlm » pour tout le monde
* la phonétique → « koi » pour « quoi », « kom » pour « comme »

11.1 Chapitres 5-9 – Présentation chapitre par chapitre

☺ **Guide pour vos présentations en groupes** ☺

- ✓ Partagez-vous le travail – tous les membres du groupe ne doivent pas nécessairement préparer chaque partie de la présentation.
- ✓ Divisez votre présentation en plusieurs parties (p. ex. trois parties de 5-10 minutes).
- ✓ Prenez votre temps, ne parlez pas trop vite.
- ✓ Si vous utilisez des nouveaux mots, informez-en la classe (sous forme de fiche, de notes au tableau, d'un transparent).
- ✓ Faites parler chaque membre du groupe pendant la présentation.
- ✓ Essayez d'intégrer et de faire participer le reste de la classe (p. ex. posez des questions, donnez-leur une fiche de travail ou une tâche, demandez-leur de participer à une activité, etc.)

Travail sur le contenu de votre chapitre – quelques idées au-delà d'un simple résumé

I. Travail plus analytique

- ☺ Faites une <u>courbe des évènements</u> avec des phrases-clés (sur une affiche, un transparent…)
- ☺ Faites un <u>sociogramme</u> pour montrer comment les rapports entre les personnages évoluent.
- ☺ Racontez l'histoire (ou une partie) de <u>la perspective d'un personnage</u> du chapitre en question.
- ☺ Choisissez des <u>phrases-clés</u> du texte et distribuez-les avant ou après la présentation aux autres. Ceux-ci doivent les mettre dans le bon ordre / deviner ce qui se passera / raconter ce qui s'est passé.
- ☺ Jouez une ou plusieurs scènes du chapitre devant la classe (<u>jeu de rôle</u>). Les autres peuvent aussi deviner ce qui se passera après.

II. Travail plus libre et créatif

- ☺ <u>Interviewez</u> un personnage du livre sur scène.
- ☺ Écrivez le <u>journal</u> d'un ou de plusieurs personnages du livre et présentez-le(s) à haute voix (sous forme de monologue).
- ☺ <u>Dessinez</u> quelques scènes-clés et utilisez-les pour votre présentation.
- ☺ <u>Adoptez la perspective</u> d'un des personnages : Imaginez une lettre ou un courriel qu'un des personnages du livre écrirait à un autre ou un échange de messages SMS (langage texto !).
- ☺ Inventez une scène qui se passera <u>dix ans après</u> le livre et jouez-la.
- ☺ Inventez un <u>personnage additionnel</u> et faites-le agir dans l'histoire / sur scène.

Chapitres 5-9 – Pistes de lecture 11.2

Travail en groupes : Lisez et résumez un des chapitres 5-9 par groupe. Faites-en aussi une petite analyse avec l'aide des pistes de lecture ci-dessous. Présentez votre travail à la classe en respectant la fiche 11.1 !

Pour tous les chapitres :
Montrez comment Simple est un révélateur de personnalité. Observez comment d'autres personnages du livre seront transformés ou révélés par la rencontre avec Simple.

Chapitre 5 :
1 Observez les relations filles-garçons à la fête. Comment peut-on les décrire ? Quels sont leurs actions, leurs désirs, leurs jeux ?
2 Quel est le rôle de Simple lors de cette fête ? Qui fait vraiment des bêtises à cette soirée ?

Chapitres 5 et 6 :
1 Relevez les allusions aux contes de fées, ceci vous aidera à comprendre les actions de Simple.
2 Montrez que Simple ne différencie pas le réel de l'univers des contes.

Chapitre 7 :
1 Quel est le sens du jeu entre monsieur Pinpin et Pipine (c'est une lapine en peluche que Kléber a donné à Simple) ? Que veut dire Simple à Kléber avec cette mise en scène ?
2 Les conseils de Georges Villededieu à Enzo : Montrez comment le rôle du vieux voisin change au cours du roman. Est-il une aide pour Enzo ?
3 Pensez-vous qu'Enzo se comporte de façon juste ?

Chapitre 8 :
1 Présentez la famille Larbi (les parents de Zahra) et comparez-la à la colocation. Comment sont les rapports entre les sœurs ? Caractérisez Zahra.
2 Décrivez la grosse bêtise de Simple et montrez en quoi elle révèle un côté de son caractère jusqu'à présent inconnu. Comment les colocataires se comportent-ils face à la bêtise de Simple ?

Chapitre 9 :
1 Pourquoi les bêtises commises dans ce chapitre sont elles importantes pour l'histoire des personnages de la colocation ?
2 En quoi le déplacement du cahier d'Enzo modifie la suite de son histoire avec Aria ?
3 Quels sont les quiproquos qui se mettent en place dans ce chapitre ? Sur quels malentendus reposent-ils ?
4 Selon vous, qu'est-ce qui est drôle dans ce chapitre ?

(pour vous aider : Madame Sossio [sosjo] – les services sociaux [sosjo])

Annotations :
révéler aufdecken, zum Vorschein bringen, enthüllen – **un conte de fées** Märchen - **différencier** unterscheiden – **un quiproco** komische Personenverwechselung – **un malentendu** – Missverständnis

12.1 Chapitres 10-13 – Pistes de lecture et d'écriture

Pistes de lecture

Chapitre 10 :
1 La scène des quiproquos : Répartissez-vous les rôles et jouez la scène en classe.
2 Relevez les éléments de ce chapitre qui le rendent drôle.
3 Informez-vous sur le Roman de Stendhal *Le Rouge et le Noir*.

Chapitre 11 :
1 Comment la décision de placer Simple à Malicroix révèle-t-elle les personnalités de ceux qui l'entourent ? Donnez des exemples !
2 Montrez comment le rapport entre Simple et de monsieur Pinpin change dans ce chapitre et les chapitres 12 et 13.

Chapitre 12 :
1 Remarquez qu'il suffit à Simple de se déguiser en M. Mutchbinguen pour pouvoir s'enfuir de Malicroix sans que personne ne s'en aperçoive. Que veut nous faire comprendre l'auteur à travers ce détail ?
2 Simple au vernissage d'une exposition : Montrez comment Marie-Aude Murail écrit une scène à la fois très drôle tout en critiquant les amateurs d'art.
3 Scène au restaurant et scène avec les prostituées : Analysez les différentes réactions des gens qui rencontrent Simple, un handicapé.

Chapitre 13 :
1 Étudiez le langage de Mme Bardoux (p. 146-147). De quelle façon Marie-Aude Murail critique-t-elle ce personnage ?
2 L'anniversaire : Retournez au chapitre 5 (une autre scène de fête dans le roman) et comparez-les. Que disent ces deux scènes sur l'évolution du rapport des jeunes envers Simple ? En quoi la place qu'y tient Simple est-elle complètement différente ?
3 Scène entre Kléber et Zahra (p. 160) : Comparez cette scène avec celle réunissant Kléber et Béatrice sur les quais. Où voyez-vous des différences ? Qu'est-ce que cela nous révèle sur le caractère de Kléber ?

Pistes d'écriture

Piste 1 :
Comme les enfants, Simple a le don d'émouvoir les gens. Avez-vous déjà rencontré une personne, handicapée mentale ou non, étonnante et attachante comme lui ? Racontez.

Piste 2 :
Simple est comme un petit frère qui innocemment met Kléber dans des situations difficiles (comme dans la scène du métro, au début du livre). Avez-vous déjà fait la même expérience ? Racontez.

Piste 3 :
Imaginez : Kléber a réussi son bac, il est admis en classe « prépa » mais devra habiter en internat. Trouvez des arguments qu'il avancera pour que son père et sa nouvelle femme acceptent de prendre en charge Simple en son absence.

Chapitre 13 – Vorschlag zur Leistungsmessung (II)

1 Retournez au chapitre 5 (p. 55-60) et comparez les deux scènes.
  Que révèlent-elles sur l'évolution du rapport des jeunes avec Simple ?
2 En quoi la place qu'y tient Simple est-elle complètement différente ?

(p. 151-154) L'anniversaire de Kléber tombait le jour de la Toussaint, un vendredi cette année-là. Le début des vacances fut consacré aux préparatifs de la fête. Kléber voulait entrer dignement dans sa majorité. Il invita Béatrice et Zahra. Zahra lui demanda la permission d'emmener Djemilah.
[…]
Cette fois-ci, Simple fut associé aux préparatifs au point qu'il en vint à parler de l'anniversaire de Kléber comme du sien propre.
– Je vais avoir quoi comme cadeau ? demanda-t-il à son frère.
– Qu'est-ce que tu voudrais ?
– Un téphélone, un téléviseur et un ordonateur.
– C'est un peu cher, tout ça. Une montre, ça t'irait ?
– Ouiiiii !
– Je t'achète le marteau avec ?
Simple comprit la blague et éclata de rire.
– Y a pas de beaud'homme, dit-il.
Il avait beaucoup mûri.
– Je trouve qu'il est de moins en moins question de monsieur Pinpin, remarqua Corentin.
– Simple en a moins besoin, dit Kléber. Il a des amis, maintenant.
Malgré tout, monsieur Pinpin mit ses moustaches dans la mousse au chocolat, faucha des rondelles de carotte, joua avec le mixeur et se fit mille fois rappeler à l'ordre.
– Simple, arrête !
– C'est pas moi, c'est…
Et tous les autres :
– Monsieur Pinpin !

Enfin, le grand soir vint.
– Tu n'es peut-être pas obligé de faire le prince charmant ? dit Kléber.
– C'est monsieur Mutchbinguen, il a quarante-douze ans, c'est son quasitonbrouk.
– Tu n'es peut-être pas obligé de parler une autre langue ?

[…]
Peu à peu, le salon et la salle à manger s'animaient. Kléber regardait sa montre toutes les cinq minutes.
– Moi, j'en ai pas de montre, lui rappela discrètement son frère.
Enfin, Béatrice arriva. Elle avait troqué son haut très haut contre un bas très bas que la ceinture rattrapait de justesse.
– Quand même, dit-elle à Kléber, samedi dernier, tu m'as gentiment posé un lapin.
– Coucou ! fit monsieur Pinpin en agitant les oreilles sous son nez.
Béatrice l'écarta d'un geste si méchant que Simple prit la fuite.
– J'avais des choses urgentes à régler, désolé, lui répondit Kléber d'un ton sec. Ah, voilà Zahra !
En effet, Zahra venait d'entrer, talonnée par Djemilah.
[…]
Kléber […] commença à déballer les cadeaux qui s'entassaient près du buffet. Béatrice lui avait offert un caleçon avec une poche pour le préservatif, […] Zahra avait trouvé un joli porte-photo.
– Il faudrait ta photo dedans, suggéra Kléber.
Béatrice comprit à ce moment-là qu'elle avait perdu la partie.
– Mais moi, c'est où qu'ils sont, mes cadeaux ? s'inquiéta Simple.
Zahra lui tendit alors un paquet follement enrubanné. Simple l'ouvrit en le déchirant :
– Des habits pour les petits nains !
C'était une toute petite veste et un tout petit pantalon en feutrine noire avec des parements rouges et des boutons dorés, le tout confectionné par maman Yasmine pour masquer l'usure de monsieur Pinpin. Zahra aida Simple à habiller sa peluche puis tout le monde vint s'extasier.
– Monsieur Pinpin, il a un look d'enfer, dit Simple.
– Ça devait arriver, déplora Enzo. À force de fréquenter des jeunes, il parle comme eux.

Chapitre 10 – Les quiproquos

Répartissez-vous les rôles et jouez la scène en classe.

On sonne à la porte. Aria ouvre.

Aria : Papa ? Maman ?

Monsieur et madame Mouchabœuf embrassent Aria avec ferveur.

M. Mouchabœuf : On a essayé de t'appeler, mais chaque fois on est tombés sur un monsieur Mutchbinguen qui nous parlait de la pluie et du beau temps.
Aria : Vous avez dû faire un faux numéro.
Mme Mouchabœuf (*très triste*) : Non, ma chérie, non. Nous pensons, ton père et moi, que Corentin va très mal.

Aria les regarde, stupéfaite.

M. Mouchabœuf (*énervé*) : Mais explique mieux que ça !
Mme Mouchabœuf : Chut, il est peut-être là.
Aria : Non, il est sorti. Mais qu'est-ce qui ne va pas avec Corentin ?
M. Mouchabœuf : Il se prend pour monsieur Mutchbinguen. Puis il nous a parlé brutalement au téléphone portable. C'était très désagréable !
Mme Mouchabœuf : Quand nous avons voulu te joindre sur le téléphone de la coloc, c'est lui qui a décroché. Il refusait de te prévenir et il parlait comme un automate. Méconnaissable ! (*Elle sanglotte.*) Tu n'as rien remarqué, ma chérie ?

Aria secoue la tête, puis elle s'immobilise.

M. et Mme Mouchabœuf : Quoi ?
Aria : Non, rien… Corentin a arrêté de fumer, c'est tout. Et au lieu de grossir, comme c'est souvent le cas, il a maigri.
Mme Mouchabœuf (*choquée*) : Il a maigri !!
M. Mouchabœuf : (*avec insistance*) Il a **beaucoup** maigri ?
Aria (*hésitante*) : Quatre ou cinq kilos. Mais ça lui va bien, il était un peu rondouillard…

On sonne de nouveau à la porte. Madame Bardoux fait son entrée.

Mme Bardoux (*surprise, puis sèche*) : Bonjour ! Madame Bardoux, des services sociaux. Je viens pour le placement de Corentin. Vous êtes au courant ?
Mme Mouchabœuf (*joint les mains*) : Mon Dieu !
Aria : De quoi vous parlez ?
Mme Bardoux (*hautaine*) : Je n'ai pas l'honneur de vous connaître, mademoiselle ! Je n'ai donc pas à vous fournir de détails sur le cas de Corentin.
M. Mouchabœuf : Mais nous sommes ses parents !

On entend une clef dans la serrure, puis Kléber et Simple entrent.

Simple (*fâché*) : Y a trop de monde ! (*Il bouscule les gens devant lui.*)
Mme Bardoux (*vexée*) : Vous savez jouer des coudes, monsieur Mutchbinguen !
Simple : Je suis Simple.
Mme Bardoux (*sèche*) : Il y a une différence entre simple et grossier !
M. Mouchabœuf : Attendez, attendez ! Pourquoi l'appelez-vous monsieur Mutchbinguen ?
Mme Bardoux : Parce que c'est son nom. (*Elle se tourne vers Kléber.*) Par le plus grand des hasards, seriez-vous monsieur Maluri ?
Kléber : Oui.
Mme Bardoux (*pousse un cri*) : Enfin ! Et Corentin n'est pas avec vous ?
Kléber (*surpris*) : Non…
Mme Bardoux (*choquée*) : Vous le laissez sans aucune surveillance !?
Kléber (*irrité*) : Je vois pas pourquoi je surveillerais Corentin.
Mme Bardoux (*sévère*) : Je ne vous fais pas de reproches, vous êtes jeune. Mais c'est tout de même se montrer ir-res-pon-sab-le. Où est-il ?
Kléber (*bredouille*) : Corentin ? Mais je… j'en sais rien.
Mme Mouchabœuf (*affolée*) : Il a disparu ?

Une clef tourne dans la serrure. Corentin entre.

Aria, Kléber, M. et Mme Mouchabœuf : Corentin !

Corentin recule, surpris.

Mme Bardoux : Fermez la porte ! Il va filer comme un lapin…

Simple, par derrière, pose monsieur Pinpin sur l'épaule de Mme Bardoux.

Simple : Coucou !

Mme Bardoux tourne un peu la tête et sursaute, effrayée. Elle fait un pas en arrière.

Simple (*coquin*) : C'est qui ?
Corentin (*très fort*) : C'est monsieur Pinpin !
Mme Bardoux (*tournée au public*) : Ils sont tous fous !!

Pour aller plus loin – Le handicap dans la société

Quelques faits…
- La France compte près de 650 000 personnes en situation de handicap mental.
- Aujourd'hui, les handicapés mentaux sont des milliers à être exclus de notre société :
  - 10 000 enfants et adolescents sont en attente d'une scolarisation adaptée à leurs besoins.
  - 10 000 personnes gravement handicapées ne bénéficient pas des structures d'accueil nécessaires à leur prise en charge.
  - 20 000 personnes attendent une place dans une structure de travail protégé pour pouvoir s'épanouir et progresser.
  - Des milliers de personnes handicapées disposent de ressources qui les placent en dessous du seuil de pauvreté, des familles sont déstructurées et certains parents sont obligés d'arrêter leurs activités professionnelles, voire de s'expatrier, pour trouver des solutions d'accueil pour leur enfant…

Ces situations, souvent dramatiques, nécessitent une solidarité nationale renforcée de la société !

Quelle: www.tous-solidaires.net

Témoignage d'une monitrice

Le handicap mental est vu encore de nos jours comme une fatalité et beaucoup de personnes restent sur des préjugés qui auraient dû être dépassés depuis longtemps.

J'ai travaillé durant un mois dans un centre pour handicapés mentaux dans un foyer occupationnel et cette expérience a été très enrichissante.

J'ai appris beaucoup auprès des handicapés et j'ai d'ailleurs gardé le contact avec une des résidentes qui m'écrit assez régulièrement. Bien sûr le travail de mono ou d'éducateur n'est pas facile – surtout nerveusement – car il faut faire attention à tout. Il faut savoir être autoritaire, patient et attentionné […]. Mais il faut aussi savoir peser ses mots car les crises sont vite arrivées : fugues, attaques ou encore auto-mutilation pour les plus courantes.

Bien des personnes condamnent les parents qui mettent leurs enfants dans des institutions spécialisées mais il faut savoir que le rôle de parent est difficile – imaginez un enfant qui pleure ou qui crie sans aucune raison, qui est violent et avec qui on a du mal a parler. Un enfant à qui il faut faire la toilette sans limite d'âge et qu'il faut surveiller 24h/24. Bien sûr, chaque cas est unique mais le fait est que c'est difficile de voir son enfant ainsi !

Un jour alors que je parlais avec un monsieur, celui-ci m'a demandé ce que je faisais dans la vie. Je lui ai dit que je travaillais dans un foyer occupationnel et il m'a dit « Tu travailles chez les fracassés ! ». Je ne me suis même pas rabaissée à répondre et j'ai trouvé cela désolant sachant que cette personne était gendarme.

J'ai appris à ne plus faire attention aux critiques et aux regards car malgré leurs problèmes les handicapés mentaux sont des êtres humains et qu'ils ont des sentiments et des envies comme chacun d'entre nous. Ce qui est dommage c'est que même au 21ème siècle, nombreux sont les gens qui tiennent le discours de notre ami le gendarme…

Je souhaite beaucoup de courage à tous les parents qui vivent cela au quotidien. **Delphine**

Quelle: perso.orange.fr/agirpourhandicapmental

Annotations :
bénéficier profiter – **s'épanouir** sich entfalten – **le seuil de pauvreté** Armutsgrenze – **le mono** *fam* le moniteur – **peser ses mots** réfléchir sur ce qu'on dit – **l'auto-mutilation** Selbstverstümmelung – **un fracassé** fam un fou, un débile – **se rabaisser** sich herablassen

Liens internet utiles

www.tous-solidaires.net
www.handica.com
www.magazine-declic.com
www.alliance-maladies-rares.org

www.unapei.org
perso.orange.fr/agirpourhandicapmental
www.culture.gouv.fr/culture/politique-culturelle/handicap/

Témoignage d'une mère

« J'étais un jour dans un grand magasin avec Mathieu, qui est en chaise roulante et qui ne parle pas. Nous faisions la file à la caisse. Une toute petite fille intriguée s'approcha de nous avec confiance. Je lui dis :
« Tu veux dire bonjour à Mathieu ? Tu peux t'approcher de lui, si tu veux. Et toi, comment t'appelles-tu ? »
« Marie », me dit-elle. Elle sourit à Mathieu, tout heureux de cette petite visite.
« Pourquoi il marche pas ton enfant ? » me demanda-t-elle.
J'allais lui répondre mais à ce moment précis, la maman visiblement embarrassée par cette question qu'elle jugeait trop directe, empoigna sa petite fille par le bras et l'emmena à une autre caisse pour éviter que la conversation ne se prolonge... Quel dommage ! »

Quelle: www.foietlumiere.org

Les larmes de la Mer

Oui, ils sont des milliers...

Oui, ils sont des milliers à nous tendre les mains.
Quand, dans leurs cœurs d'enfant, un élan de tendresse
Cherche un vrai sourire, cette infinie richesse,
La ronde les rejette tout au long des chemins.

Sont-ils si différents, comparés à nous autres,
Dans ce monde angoissé qui normal se prétend ?
Qui de nous est plus pur que ces regards d'enfants,
Lassés d'être incompris dans une vie tout autre ?

Oui, ils sont différents car ils n'ont pas de haine.
Seules, beauté et tendresse illuminent leurs cœurs.
Dans ce temps infernal fait de guerres et de peurs,
L'amour et l'innocence ne sont que choses vaines.

Heureux sont-ils aussi d'être sur leur étoile
Voguant dans l'univers autour du merveilleux,
Il faut les protéger, les entourer de voiles.
À quel prix leurs parents se débattent pour eux.
                      Olga de Mercouly

Quelle: perso.orange.fr/agirpourhandicapmental

Annotations :
intrigué irrité – **empoigner** prendre fermement – **infernal** → l'enfer

Témoignages des parents : « Le handicap m'a-t-il changé ? »

Une vie normale ?

Daniel Nous avons vraiment essayé de permettre à notre fils d'avoir une vie familiale, pour que sa vie soit la plus normale possible. On n'a donc jamais voulu qu'il soit pris complètement en institution. Surtout que nous étions à deux kilomètres de l'institut. Et même en CLIS, le midi, pas question qu'il mange là-bas. Il rentrait chez nous et il y retournait l'après-midi, pour garder ce petit moment familial.

Catherine C'est déjà compliqué d'être parents, mais là… c'est compliqué à vivre ! Et puis, dans la vie courante, ça pèse. Rien que donner à manger, c'est difficile.

Annie On est vraiment des parents différents. Jusqu'à notre mort, on a cela qui nous pilonne. Et encore, j'ai eu la chance que mon mari ait accepté Hervé.

Savourer les petits bonheurs

Dany-Claude On est tous des parents différents, quels que soient nos enfants, et même s'ils n'ont pas l'étiquette du handicap. Pour moi, c'est la société, le regard des autres, qui nous renvoie que l'on est différent.

Marie-Joseph Le problème est que la société prône le paraître, un diktat de l'apparence. La différence n'est pas admise. Dans certains pays, on cache même les handicapés.

Annick Les choses n'ont pas la même valeur, et l'on ne savoure pas le bonheur de la même façon. Il est autre part, pour nous, le bonheur : dans des petits moments. Il faut garder les petits sourires, les petits rires.

La colère qui ne passe pas

Christiane Si le handicap m'a changée, c'est peut-être en me rendant plus ouverte aux autres. J'ai découvert le monde du handicap, qui, au début, me faisait peur, et je suis plus à l'écoute.

Dany-Claude Dans la vie, il y a d'autres situations qui font que l'on est confronté à des difficultés : des parents qui vieillissent, la maladie d'un proche… Le handicap n'est pas la seule chose qui nous oblige à nous concentrer davantage sur une personne de la famille.

Françoise J'ai toujours la colère au fond de moi. Et cela ne passe pas. Je suis différente, parce que je suis toujours en colère alors qu'avant je ne l'étais pas. J'avais quatre enfants merveilleux. Tout allait bien. C'était formidable. Et là, avec Marion, qui est super aussi, mais enfin… il y a une colère quand même.

Quelle: www.magazine-declic.com

Un conseil :

Si vous rencontrez des personnes avec un handicap mental, n'ayez pas peur d'elles ! Osez les aborder, leur adresser la parole, leur sourire, sourire aussi à leurs parents ou à ceux qui les accompagnent ! Vous avez peur d'être maladroit ??? Il vaut mieux commettre une maladresse que de choisir l'indifférence ! De plus, avec un peu de patience, vous allez découvrir, en vous et en l'autre, des trésors d'humanité ! Les familles ayant un enfant handicapé mental sont peut-être des familles à part, mais avant tout des familles à part entière !!! Accueillons-les comme telles !

Quelle: www.foietlumiere.org

Annotations :
CLIS administratif classe d'intégration scolaire – **la vie courante** la vie quotidienne – **pilonner** pausenlos in Beschlag nehmen – **prôner** predigen – **le paraître** l'extérieur, l'apparence – **admis** accepté – **garder** conserver – **maladroit** unbeholfen, ungeschickt – **la maladresse** → maladroit

15 Critique littéraire du roman

1. Après avoir terminé le roman, remplissez spontanément le tableau ci-dessous.
   Pour vous, un bon livre, c'est quoi ? Notez !
2. Rédigez une critique du roman.
3. Mettez-vous en groupes, lisez mutuellement vos critiques et faites-en une synthèse que vous lirez à la classe par la suite.

Mon jugement personnel. Le roman était…

☐ génial   ☐ très bien   ☐ assez bien
☐ pas bien   ☐ nul

Mon opinion

👍 J'ai aimé ……………………………………………………
👎 Je n'ai pas aimé……………………………………………
👍 Ce qui m'a touché/e………………………………………
👎 J'étais déçu/e par…………………………………………
👍 J'ai beaucoup réfléchi sur………………………………
Le livre évoque en moi……………………………………
J'étais impressionné par…………………………………

☺ Pour moi un bon livre, c'est………………………………
……………………………………………………………………

Pour écrire la <u>critique d'un livre</u>, il faut…
➢ faire un bref résumé de l'œuvre sans parler de la fin
➢ faire une petite analyse du récit
➢ exprimer sa propre opinion basée sur le résumé et l'analyse
➢ parler de ses sentiments, réactions, idées à l'encontre de ce qu'on a lu
➢ donner un conseil au futur lecteur

on peut aussi…
➢ tracer de brefs portraits des personnages principaux
➢ commenter le message de l'auteur
➢ comparer le livre à autres soit du même auteur soit traitant le même sujet
➢ citer une ou plusieurs phrases particulièrement intéressantes

---

Pour <u>l'analyse du récit</u>, on peut examiner…

le style et la langue
- le ton d'ensemble (lyrique, tragique, comique, ironique…)
- le(s) langage(s) employé(s) (français soutenu, français familier, argot, verlan etc.)
- les particularités du lexique, de la syntaxe

les personnages
- Quels sont leurs traits physiques, caractère et attitudes ?
- Évoluent-ils au cours du récit ? En quel sens ?
- Sont-ils de vrais personnages ou plutôt des types ?
- Comment sont-ils caractérisés (directement par le narrateur ou indirectement à travers leurs actions, pensées, attitudes) ?

le rythme
- Y a-t-il un certain suspens ? Est-il artificiel ou résultat de la narration ?

les sujets et problèmes abordés
- Sont ils actuels, originaux ou plutôt banales ?
- Font-ils réfléchir, discuter, remettre ses propres attitudes en question ?

le message et la morale du récit
- Quel est le message du livre ?
- Quelles sont les valeurs, normes et idées transmises par l'auteur ?
- L'auteur tente-t-il de manipuler son lecteur ?

le cadre, l'intrigue et la fin
- Sont-ils originaux ou banals ?
- Quelles sont les forces qui aident les protagonistes dans leurs démarches ? Quelles sont celles qui s'y opposent ?
- La fin est-elle inattendue ? Est-elle logique en soi ?

L'écho de la presse et des jeunes lecteurs

L'avis des « ados »

« Simple est indéniablement une réussite. Une réussite parce que Marie-Aude Murail a réussi à traiter ce sujet difficile avec justesse mais aussi grâce au formidable dynamisme qu'elle a su insuffler à l'histoire et à ses multiples personnages. »

Juliette, www.jeunet.univ-lille3.fr

« Alors encore une fois Marie-Aude Murail fait très fort ! Ce livre m'a beaucoup touchée et il m'a aussi souvent amené le sourire. Sa manière de parler de « Simple » est à la fois attendrissante et drôle et grâce à Monsieur Pinpin (sa peluche) on entre dans le monde de Simple […]. Au delà de Simple on s'attache à tous les personnages […]. J'ai vraiment adoré ce livre et je pense que ce sera un de mes coups de cœur cette année. »

Mariane, www.jeunet.univ-lille3.fr

« Tout simplement génial ! J'ai adoré tous les personnages […]. Et j'ai été très émue chaque fois que l'on entend Simple évoquer Malicroix : on ressent vraiment sa souffrance. La manière dont Marie-Aude Murail décrit les relations entre Kléber et Simple me paraît très juste aussi : on voit bien que Kléber aime son frère, veut l'aider mais a des moments de faiblesse. C'est vraiment réussi !! »

Aurore, www.jeunet.univ-lille3.fr

« Oh oui, cet enfant - pourtant adulte - voit la vie simple. […] Simple est pourtant bien compliqué. […] Ce combat pour un adulte innocent (pourtant enfant dans sa tête) est très touchant car Kléber à compris une chose : Ce dont Simple a besoin ce n'est pas Malicroix avec tout son personnel qualifié mais c'est d'Amour ! Très bon roman très touchant ! »

Ludivine M, www.crdp2.ac-rennes.fr/forums

L'avis des « pros »

« Marie-Aude Murail, merveilleuse boîte à idées, écrivain prolifique, livre avec « Simple » une histoire touchante, pure, fortement chargée en émotion et en rires. Les personnages sont attachants. Simple et monsieur Pinpin forment un duo détonnant, fomentant avec ruses les bêtises les plus saugrenues, écorchant et inventant les mots avec ferveur. […] Ce beau roman est enchanteur et connaîtra, je l'espère, le succès qu'il mérite auprès d'un large public. »

Alexandra Morardet, www.arte.tv/fr/art-musique/selection-livres

« Marie-Aude Murail nous livre une histoire à la fois touchante et drôle : le sujet est grave, mais la légèreté de l'écriture le dédramatise. […] Les jeunes sont livrés à eux-mêmes et s'en sortent par leur solidarité décuplée par la présence de Simple. Ils sont prêts à tout pour rester ensemble. Marie-Aude Murail célèbre la petite enfance, ainsi que la difficulté de grandir. Comme le dit l'auteur, 'Tous les bons romans en littérature de jeunesse sont des romans d'apprentissage'. »

Corinne Delpy, Deust lecture publique, Lille 3, www.jeunet.univ-lille3.fr

« Simple est une réussite parfaite. […] On ne sait pas si Simple est un « i-di-ot » ou bien l'allégorie d'un enfant de trois ans qui découvre la sexualité, en tous les cas l'identification des jeunes lecteurs est assurée, sans parler des élèves en situation d'échec scolaire qui ont facilement tendance à se traiter eux-mêmes de débile : ils verront la différence ! […] Le choix de personnages jeunes adultes permet aux adolescents de se projeter vers la fin de leurs études, et Simple ouvrira des débats passionnants dans les classes, car il est parmi nos élèves beaucoup de Kléber qui n'ont guère l'occasion de parler de leur « Simple » à eux, un frère ou une sœur qu'on ose à peine inscrire sur les fiches de début d'année, de peur que les profs demandent 'Pourquoi n'est-il pas scolarisé dans le même collège ?' »

Lionel Labosse, professeur de français et auteur, www.HOMOEDU.com

« Un livre exceptionnel où Marie-Aude Murail n'hésite pas à renverser les habitudes de la littérature pour adolescents ! Au programme : humour décapant et vigilance extrême ! Du grand art ! »

www.prixfarniente.be/archives/2006

« C'est un vrai plaisir de s'inviter chez ces colocataires pour partager ces moments de tendresse, de drôlerie et d'innocence. Comment ne pas s'attacher à ce jeune handicapé ! [...] Bien sûr, malgré les difficultés, l'amour et l'amitié sont toujours présents. Une belle et forte leçon sur l'art de vivre ensemble et le respect des différences. »

www.bouquenstock.com

« Des mots de tous les jours, des mots d'enfants, des mots «simples»... Peut-on par ce langage offrir une légitimité à la littérature jeunesse ? Par un mélange de tendresse, d'émotion et de réalisme, Marie-Aude Murail a su créer un monde où la jeunesse, l'enfance et la différence nous ouvrent leurs portes ! [...] A la fin de l'œuvre, Marie Aude Murail a voulu faire passer ce message à travers les dernières paroles de Simple : « c'est pas obligé » que nous ne soyons plus jamais des enfants, il faut savoir rester 'simples' ».

Claire Bellard, www.jeunet.univ-lille3.fr

Annotations :
indéniable unbestreitbar – **insuffler** inspirer – **attendrissant** → tendre – **s'attacher à qc/qn** avoir beaucoup d'affection pour qc/qn – **un coup de cœur** – réaction de grande sympathie – **livrer** fournir – **un apprentissage** → apprendre – **prolifique** qui produit beaucoup – **chargé en** plein de – **détonnant** → la détonnation – **fomentant** *litt* → fomenter (anstiften) – **saugrenu** albern – **écorcher** *mot* déformer – **la ferveur** Inbrunst – **un échec** → une réussite – **dédramatiser** → dramatiser – **décuplé** vervielfacht – **renverser** faire tomber – **décapant** ätzend – **la vigilance** Wachsamkeit

À la rencontre de l'auteur du roman

Quelques premières questions :

Enfant, quel genre de lecteur étiez-vous ?
« Je voulais de tout mon cœur que ça finisse bien. Je n'ai pas changé. »
Que souhaiteriez-vous que l'on retienne de vous ?
« Que mes livres ont fait du bien. »
Le(s) livre(s) dans votre production dont vous êtes particulièrement fier ou qui vous laisse(nt) un souvenir particulier :
« Oh, boy ! », « Simple », « Maïté coiffure », « Vive la République ! »
Quel est le thème que vous aimez davantage traiter ?
« L'apprentissage de la vie par un jeune. »
Quelle utopie seriez-vous prêt(e) à défendre ?
« Tous les enfants doivent savoir lire. »
Quel est le mot que vous préférez dans la langue française ?
« Amour et humour, disait ma maman. Elle n'avait pas tort. »
Qu'avez-vous conservé de l'enfance ?
« Ce que Gaston Bachelard appelle « une conscience de racine ». J'ai eu une belle enfance immobile et joueuse, mystique, rêveuse et, comme le dit encore Gaston, quand j'y repense, « tout l'arbre de l'être s'en réconforte. »
Quelle est la meilleure phrase qu'un enfant vous ait dite ?
« Il faut croire à tout, sinon on croit à rien, et on est comme des bêtes. » (phrase de mon fils Benjamin, quatre ans, en réponse à une dame qui se déclarait athée… et fut bien étonnée !) »
Quelle est votre définition du bonheur ?
« C'est trouver le sens de sa vie. »

La Foire aux questions – L'auteur nous parle de son travail créatif

Qu'est-ce qui nourrit votre inspiration ? votre imagination ? l'observation de scènes réelles ? votre vie personnelle ?
« Je n'aurais pas tant écrit si je n'avais pas tant lu » a dit Aragon. Je lis : des journaux, des magazines, des documentaires, des romans, des bédés, de tout, et avec avidité ! Je prends plusieurs livres par semaine en bibliothèque. « Jamais sans mon livre », c'est vraiment ma devise. Je détiens d'ailleurs sur mon environnement. Tout le monde lit autour de moi, y compris la nounou de ma petite fille qui était au départ très réfractaire ! Je l'ai convaincue qu'il y avait des livres pour tous les problèmes et pour chaque moment de la vie, y compris quand on attend dans le salon du dentiste. Personnellement, je n'attends jamais. Ni rien ni personne. Je lis. Et de tout ce que j'accumule en lisant naissent mes propres romans. Mes expériences personnelles m'inspirent également et tout ce que me racontent mes enfants. Enfin, je suis, toutes les semaines, dans une école différente à la rencontre de mes lecteurs. Leurs centres d'intérêt, leur langage, leur façon d'être, les discussions que j'ai avec eux forment aussi la matière de mes livres.

Concernant les plus jeunes, quel genre d'histoires vous plaisez-vous à raconter, quels thèmes aimez-vous traiter et pourquoi ?
J'écris souvent dans un registre humoristique en évoluant dans un univers très quotidien, les

parents, la fratrie, l'école, les amours, les jeux. J'observe les modes, l'évolution des mentalités. Le héros a l'âge du lecteur et est donc confronté aux mêmes problèmes que lui. L'identification au héros facilite grandement la lecture. (Voir : « Les secrets véritables », « Mon bébé à 210 francs », « Bravo, Tristan », « Un dimanche chez les dinosaures »). Mais j'écris aussi régulièrement dans le registre du conte pour que ne se perde pas le matériau de la littérature populaire. [...] Parmi mes livres préférés pour les lecteurs de 6 à 9 ans, je citerai : « Le hollandais sans peine », « L'oncle Giorgio », « Qui a peur de madame Lacriz ? » [...]

Quand vous commencez à réfléchir à une histoire, comment et à quel stade « naissent » les personnages ? Savez-vous dès le départ s'il s'agira de garçons ou de filles ?

Quand j'écris pour les adolescents, mes personnages naissent avant mes histoires. Je n'écris que pour des personnages. Avant de chercher l'intrigue, je fais converser ces personnages entre eux, je leur fais passer des bouts d'essai comme pour un casting de cinéma. Je ne vais écrire que lorsque j'aurai suffisamment accroché avec l'un ou l'autre. [...]

Pour quel public préférez-vous écrire ? (petite enfance, lecteurs débutants, adolescents...)

[....] J'aime énormément écrire pour les adolescents. C'est probablement la part la plus jubilatoire de mon écriture. On peut vraiment expérimenter tous les registres avec eux, le policier, le quotidien, le fantastique etc. Actuellement, mon bonheur, c'est de leur parler d'amour, de leur écrire des histoires d'amour, tendres, chaudes, narquoises, romantiques que je mêle à des récits policiers, fantastiques, historiques. Je me fais plaisir, tout en pensant à leurs difficultés de lecture. Il leur manque encore des références culturelles, du vocabulaire, une aisance dans le repérage des personnages. Certains peinent à se constituer des images à partir des mots. Le virtuel dans lequel prétendument ils vivent n'est pas l'imaginaire. Nombre d'adolescents n'ont pas en eux cette épaisseur d'imaginaire qui permet de donner vie à un texte. Ils lisent et ne voient rien, ne sentent rien, ne comprennent rien. Je travaille avec toutes ces données. J'aime passionnément mon lecteur, quel que soit son âge, quelles que soient ses difficultés. Je veux l'accompagner dans son voyage à travers les livres comme je le fais pour mes propres enfants.

Depuis que vous écrivez et publiez, avez-vous l'impression qu'il y a, dans l'édition jeunesse, une évolution dans le traitement des personnages, notamment dans le traitement des personnages féminins et dans les rapports entre personnages garçons et personnages filles ? Et dans votre propre œuvre ?

Je trouve que des écrivains comme Susie Morgenstern, Chris Donner, Thierry Lenain, Brigitte Smadja (et quantité d'autres) ne reculent pas devant des sujets tabous et donnent une vraie consistance ou la consistance du vrai à leurs personnages, ne serait-ce qu'en leur confiant une part de leurs expériences. [...] Il me semble qu'il y a aussi bien des tentatives pour camper des nouveaux pères, des femmes plus indépendantes, des amitiés garçon-fille etc.

Quelle: www.ricochet-jeunes.org/carteblanche.asp/
perso.wanadoo.fr/mamurail (site Internet de l'auteur)

Annotations

l'avidité *f* Gier – **déteindre** *fig* abfärben – **la nounou** femme qui s'occupe professionnellement d'un petit enfant – **réfractaire** résistant – **convaincre** persuader – **la fratrie** le rapport entre frère(s) et sœur(s) – **faciliter** rendre plus facile – **converser** → conversation – **accrocher avec qn** *ici:* commencer à avoir un rapport avec qn – **une donnée** *ici:* une idée – **une tentative** un essai – **camper** décrire